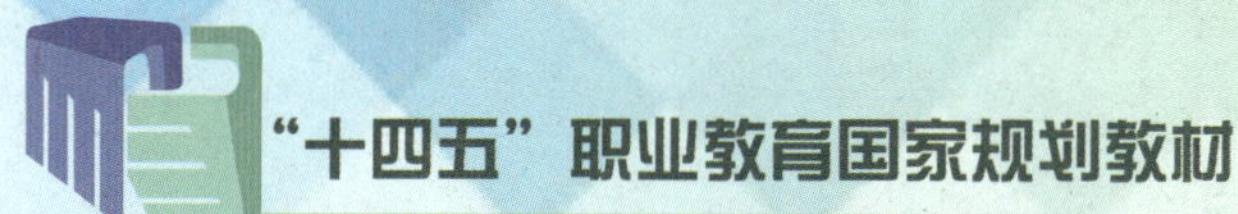

汽车保养与维护

（含工作页）（第2版）

主　编◎许　平　吴宇思

副主编◎赵元添　江　帆

電子工業出版社

Publishing House of Electronics Industry

北京·BEIJING

内 容 简 介

本教材选取汽车维修中常见的维护保养知识，重点介绍了动力传动系统、底盘系统、电气系统和整车的保养与维护，内容包括对系统的检查、调整、紧固、补给（添加油、液）等。根据汽车结构和汽车维修企业典型工作任务，遵循学生认知规律，共设定七个模块，把知识点分解融入汽车维修企业常见的46个典型工作活动中。教材内容重点突出实际操作应用，做到了教材内容和职业标准、岗位要求的有机衔接，使教材更加实用。

本教材采用“主教材+工作页”的形式，主教材侧重典型工作任务相关知识的学习，工作页强调技能掌握和解决实际问题的方法，力求突出工作过程的完整性、学生学习的自主化和评价反馈的及时化。学习活动的内容设置来自企业，依据企业的典型工作任务设置具体的教学内容，按岗位标准设定教学目标，较其他同类教材更新、更实用。本教材以中等职业教育培养目标为依据，以“掌握概念、强化应用、培养技能”为重点，力图做到“精选内容、理实结合、加强基础技能、突出应用”。教学内容的选择紧紧围绕工作任务完成的需要，力求内容的实用性。在图片示例时，把实物图片和维修手册工作结构图相互结合，满足不同学生的学习需要。依据任务驱动，使教学法的教学目标清楚明确，能更好地指导教学过程，也可以更好地评价教学效果。为了充分体现任务引领、实践导向课程的思想，本教材将项目模块下的教学活动又分解设计成若干知识点，以知识点为单位组织教学。每个知识点后，都有一个技能训练，每个模块最后集结了本模块各技能训练的实训报告。步骤详细，取材简单，可操作性强，适合职业院校使用。

图书在版编目（CIP）数据

汽车保养与维护：含工作页 / 许平，吴宇思主编. —2版. —北京：电子工业出版社，2022.4

ISBN 978-7-121-43688-8

Ⅰ. ①汽… Ⅱ. ①许… ②吴… Ⅲ. ①汽车—车辆保养—中等专业学校—教材 ②汽车—车辆修理—中等专业学校—教材
Ⅳ. ①U472

中国版本图书馆CIP数据核字（2022）第095467号

责任编辑：张　凌
印　　刷：中煤（北京）印务有限公司
装　　订：中煤（北京）印务有限公司
出版发行：电子工业出版社
　　　　　北京市海淀区万寿路173信箱　邮编　100036
开　　本：880×1 230　1/16　印张：8.75　字数：306千字　插页：32
版　　次：2017年9月第1版
　　　　　2022年4月第2版
印　　次：2023年7月第5次印刷
定　　价：43.00元

凡所购买电子工业出版社图书有缺损问题，请向购买书店调换。若书店售缺，请与本社发行部联系，联系及邮购电话：（010）88254888，88258888。

质量投诉请发邮件至zlts@phei.com.cn，盗版侵权举报请发邮件至dbqq@phei.com.cn。

本书咨询联系方式：（010）88254549，zhangpd@phei.com.cn。

前　言

党的二十大报告指出，“坚持把发展经济的着力点放在实体经济上，推进新型工业化，加快建设制造强国”。汽车制造是制造强国中不可或缺的关键产业，随着现代汽车制造技术的不断完善，人们对汽车保养与维护的认识和要求在不断提升，企业对规范、高效地进行车辆保养与维护越来越重视，对职业院校的教学也提出了新的要求。为适应不断变化的教学需要，及时对本书进行了再版修订。在技术层面上，更贴近岗位要求，严格按照岗位工艺流程操作，切实做到岗位要求与教学实施的真正对接。在教学层面上，把典型工作任务转化为学习任务，以作业流程的方式呈现，有利于学生学以致用，促进学习的积极性。同时，思政教育的渗透，增加了车辆交付给客户前的质量检查（PDI），能够确保车辆整体完好无损、各功能元件工作正常，也有助于提高客户满意度、降低客户投诉率、减少车辆维护保养后发生不必要的纠纷。

第 2 版在教学资源建设方面做了大量工作，配套了视频、课件、习题库、教案等资源，为教学提供更多便利。该书是按照汽车维修企业典型工作任务要求编写的，为职业院校设计理论实践一体化的学习情境，在教学中引领学生完成职业典型的工作任务，经历完整的工作过程，促进学生综合职业能力的提升，从而使学生规范、高效地完成汽车保养与维护工作。

本书注重在教学中找准思政元素切入点，恰当地选择切入时机，在教学实践过程中进行了案例优化，利用典型案例、故事等形式，以视频、图片、文字、讲授多种方式呈现。本书采用理实一体化教学模式，有机融入思政内容，使学生产生情感共鸣，在传授专业知识的同时，强化思政育人效果。

【教学用书的教学特色】

1. 通过让学生完成典型工作任务，利用工作页强调培养学生自主学习的能力，突出学习的主动性和有效性，从而达到使学生融会贯通的目的。

2．学习过程的行动化，首先体现在行动的过程性，让学生亲身经历实践学习和解决问题的全过程，在实践行动中学习，而非以往完成理论学习后再实践学习的过程；其次是行动的完整性，无论学习任务的大小和复杂程度如何，每个学习任务都要学生完成从明确任务、制订计划、实现计划、检查控制到评价反馈这一完整的工作过程；再次，尽量创造条件让学生探索解决其未遇到过的实际问题，包括独立获取信息、处理信息，培养整体化思维和系统化思维。

3．评价反馈过程化，是完整学习过程的一部分，是对工作过程和结果的整体性评价，是学习延伸和拓展，且在计划与实施环节中，工作的“质量控制与评价”贯穿于整个过程。过程化的学习评价可帮助学生获得初步总结、反思及自我反馈的能力，为提高其综合职业能力提供必要的基础。

本书由许平老师担任第一主编，吴宇思、赵元添、江帆参与本教材、工作页的编写和教学资源的开发。

本书在编写过程中还得到了上汽通用五菱汽车公司、柳州五菱新事业 4S 店等企业的大力支持，在此一并表示感谢。

由于编者经历和水平有限，教材内容难以覆盖全国各地的实际情况，书中难免有不妥之处，敬请各位在积极选用和推广本教材的同时，及时提出宝贵意见和建议。

编　者

目　　录

安全规则及警示

进行汽车维护作业时必须遵守的安全规则：

1. 佩戴安全防护眼镜以保护眼睛。

2. 按操作步骤要求在举升的车辆下进行工作时，应在车下使用安全支架。

3. 确保点火开关始终处于 OFF 位置，除非操作步骤另有要求。

4. 在车上工作时，应施加驻车制动。如果是自动挡汽车，应将选挡杆置于 PARK（驻车）挡，除非特定操作要求置于其他挡位；如果是手动挡汽车，应将挡位置于倒挡（发动机关闭时）或空挡（发动机运转时），除非特定操作要求置于其他挡位。

5. 必须在通风良好的区域进行发动机的维修工作，以防一氧化碳中毒。

6. 在发动机运转时，身体部位及衣服应远离转动的部件，尤其是风扇和皮带。

7. 为防止严重烫伤，应避免接触高温金属部件，如散热器、排气歧管、尾管、催化转换器和消声器。

8. 在车上工作时不得吸烟。

9. 为避免受伤，开始工作前应摘掉戒指、手表、项链，换上宽松的衣服。长发应挽起固定于脑后。

10. 双手及其他物体不得接触电动冷却扇叶片。电动冷却扇随时会因发动机温度升高而运转，因此，必须确保电动冷却扇的电源完全断开后，才能在其附近进行操作。

进行汽车维护作业时的一般性警示：

1. 许多制动器摩擦片含有石棉纤维，在对制动器部件进行维修时，应避免吸入石棉粉尘，防止其危害身体健康。

2. 当用压缩空气或干刷方式清洁车辆时，从车轮制动器和离合器总成处扬起的粉尘或污垢可能含有有害健康的石棉纤维。

3. 车轮制动器总成和离合器面应使用推荐的石棉纤维专用吸尘器进行清洁。粉尘或污垢应使用可防止粉尘暴扬的方法进行处置，例如，使用密封袋。密封袋必须标有规范的使用说明，并将袋中所装内容通知垃圾承运人。

4．如果没有用于盛装石棉的真空袋，清洁工作必须在潮湿状态下进行。如果仍然产生粉尘，技术人员应戴上符合标准的防尘口罩。

工作前准备

1．举升机的使用

序号	作业内容	操作步骤	操作要点
1	检查工位和举升机	1．清理工位 2．检查举升机地脚螺栓的紧固情况 3．检查立柱是否晃动 4．检查液压设备是否漏油 5．检查举升臂的转动锁止装置 6．检查举升臂转动是否平顺 7．检查举升臂的上下晃动量 8．检查举升臂伸缩部分 9．检查举升臂上的橡胶托支撑垫块 10．检查橡胶托支撑垫块下的轴孔配合间隙 注：检查顺序 1 号立柱—1 号举升臂—2 号举升臂—2 号立柱—3 号举升臂—4 号举升臂	
2	空载试验	1．接通电源 2．按住上升按钮举升 3．拉动下降锁止拉手 4．按下卸荷阀	
3	举升汽车	1．车辆进入举升工位 2．把举升臂放入车辆举升部位，微调、观察支撑点是否合适 3．按住上升按钮，举升车辆离地 4．用适当力度推动车辆 5．按住上升按钮，把车辆举升至目标高度 6．按下卸荷阀，使举升臂被机械自动锁止 7．按住上升按钮，稍稍举升车辆 8．拉动下降锁止拉手 9．按下卸荷阀，降下车辆 10．收回举升臂 11．关闭电源，整理和清扫场地	

2. 量具的使用

序号	作业内容	使用外径千分尺的操作步骤	操作要点
1	零位校准	1. 清洁测砧表面 2. 转动棘轮定位器使测砧和螺杆（或标准杆）接触 3. 检查零刻度是否对准 4. 如不对准，直接校准或使用标准校准	
2	测量	1. 清洁被测物体表面 2. 在测砧和螺杆之间穿入被测物体 3. 转动微分筒 4. 转动棘轮定位器 5. 锁止螺杆	
3	读数	1. 读出尺寸整数位 2. 读出 0.5mm 3. 读出 0.01～0.50mm 的数值 4. 计算测量尺寸	例如： 5+0.5+45×0.01=5.95mm 或 5.5+45×0.01=5.95mm 你的测量结果是： 1. ________+________=__________ 2. ________+________=__________
4	清洁整理	1. 清洁量具 2. 使螺杆归零位 3. 把量具装入盒内	

序号	作业内容	使用胎压表的操作步骤	操作要点
1	零位校准	观察指针	
2	测量	把测量头接入轮胎气门芯	
3	读数	读出指针偏转量	你的测量结果是： 1. ___________ 2. ___________（注意单位）
4	清洁整理	清洁整理胎压表	

序号	作业内容	使用扭矩扳手的操作步骤	操作要点
1	零位校准	旋转套筒到刻度最低处	
2	预置力矩	1. 设置杆上的整数 2. 设置套筒上的数值 3. 计算力矩	你的读数是： 1. ___________ 2. ___________（注意单位）
3	设置旋向	转动旋向控制旋钮（或旋圈）	
4	清洁整理	清洁整理扭矩扳手	

作业模块一

室内外的检查

课程目标	顺利完成本章节内容后，可以达到以下目标：
	◆ 能够正确执行内部饰件的检查； ◆ 能够正确执行外部饰件的检查。

1.1 内饰的检查

当技师进入到车辆内部后，需要对发动机运转状况、仪表状况、喇叭、内饰件外观、遮阳板及顶棚、中央杂物箱、座椅、地毯、风挡玻璃、内饰板等进行检查。

图片示例	解析说明
发动机运转状况检查	
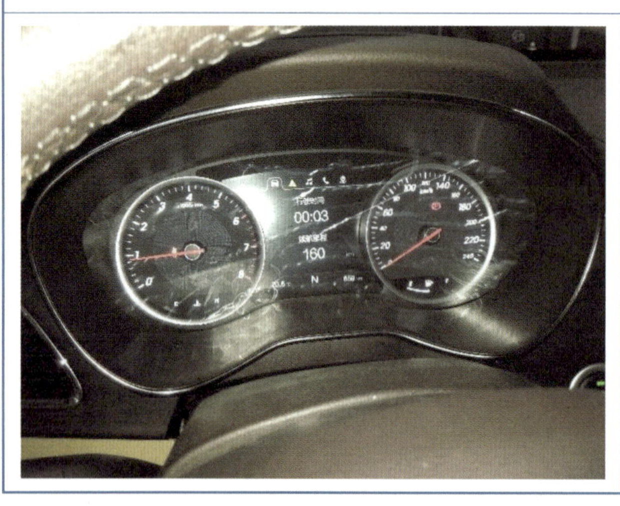	如左图所示，启动发动机，发动机应能轻松启动，启动后发动机应无明显异常的机械噪声，运转平稳。

<table>
<tr><th>图片示例</th><th>解析说明</th></tr>
<tr><td colspan="2">仪表状况检查</td></tr>
<tr><td></td><td>如左图所示，开启车辆观察仪表，图上的指示灯应该都能亮起。启动发动机，慢速踏压加速踏板，检查转速表是否能正确显示转速；机油压力、发动机故障指示灯是否正常亮灭。
检查 ABS、EPS、气囊、蓄电池充电指示、制动警告等各种指示灯是否正常亮灭。</td></tr>
<tr><td colspan="2">喇叭检查</td></tr>
<tr><td></td><td>如左图所示，按下喇叭按钮，喇叭声音应该洪亮；不管转向盘打在哪个角度，按压喇叭按钮时，喇叭应该都能响起。</td></tr>
<tr><td colspan="2">内饰件外观检查</td></tr>
<tr><td>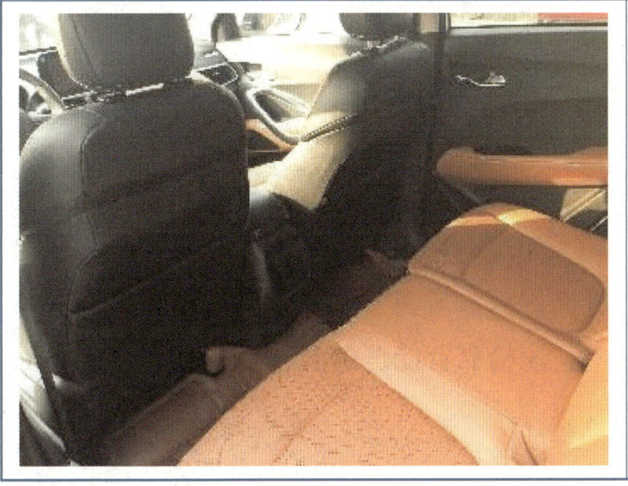</td><td>如左图所示，仪表台不允许有颜色变化；不允许有大于 5mm 的划伤；仪表台表面无剥落；转向盘、喇叭盖、中央杂物箱、换挡手柄、手刹手柄等外观应完好无明显色差。</td></tr>
</table>

图片示例	解析说明
遮阳板及顶棚检查	
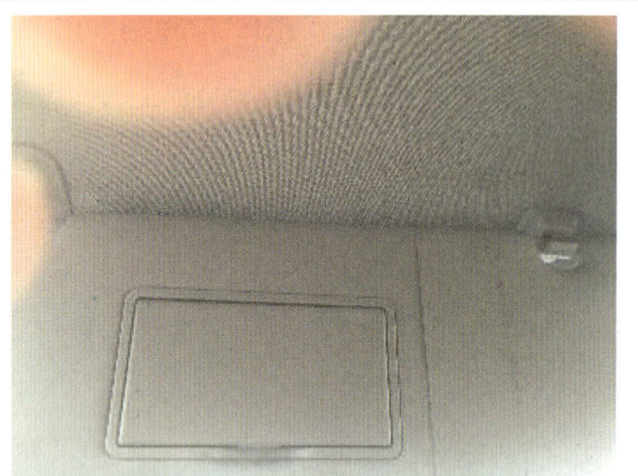	如左图所示，检查遮阳板表面有无破损，遮阳板能否自由放下和收起。 顶棚应装配牢靠，用手触摸应没有塌落的感觉。
中央杂物箱检查	
	如左图所示，中央杂物箱应可以正常开启，内部干净，无异物存在。
座椅检查	
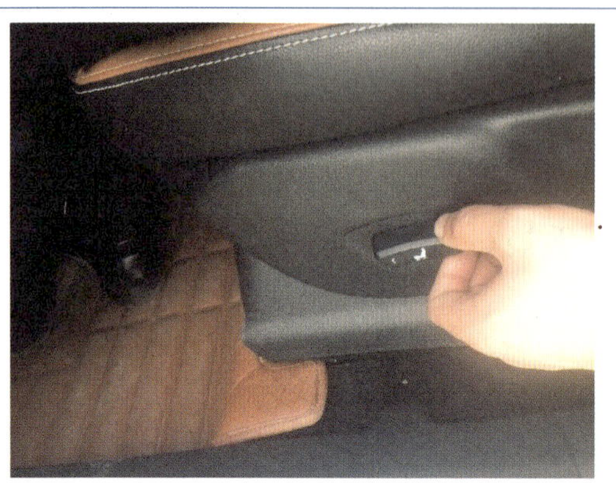	如左图所示，车辆内的座椅应能自如进行高低及前后调节。 座椅靠背能自由调节。

图片示例	解析说明
座椅表面检查	
	移除座椅运输保护套后，检查座椅表面有无脏污、破损、表面开裂现象。
地毯检查	
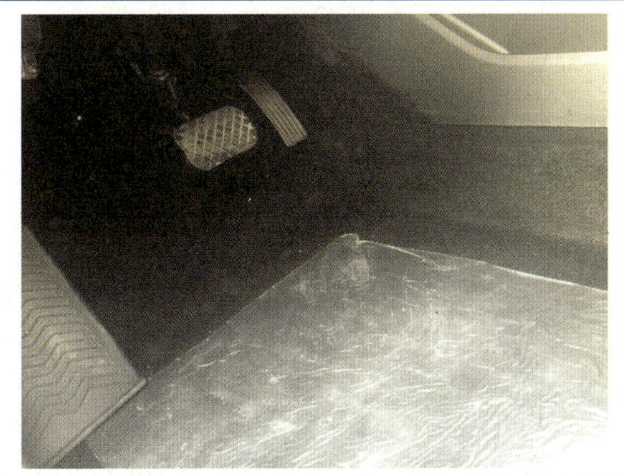	检查地毯有无脏污或破损，包括后备箱内的地毯检查。
车门及内饰板检查	
	确认各车门开启、锁闭是否正常。 确认各车门包括尾门开启按钮功能是否正常。 检查各车门内饰板有无划痕、脏污及变形。

1.2 外饰的检查

车辆外饰检查项目主要包括对车辆外部损伤、保险杠与车辆接缝、车门密封条、玻璃损伤、轮胎及轮毂、后视镜及灯具、标牌及标识的检查。

图片示例	解析说明
车辆外部损伤检查	
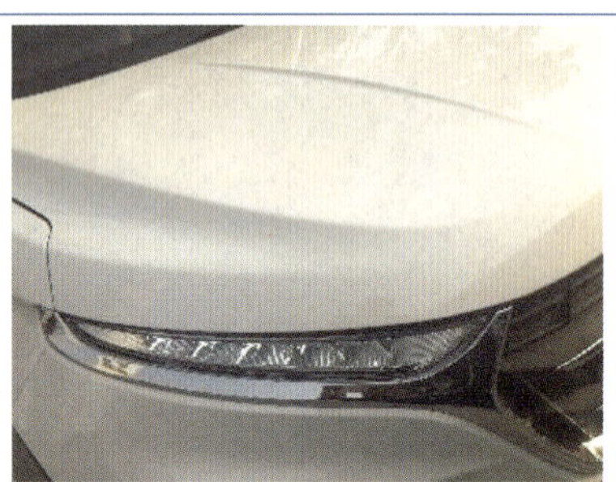	如左图所示，环绕全车一周目视检查，油漆表面应无变色、锈斑、凹凸点、脱落、裂纹及划伤，车身外观无变形。
保险杠与车辆接缝检查	
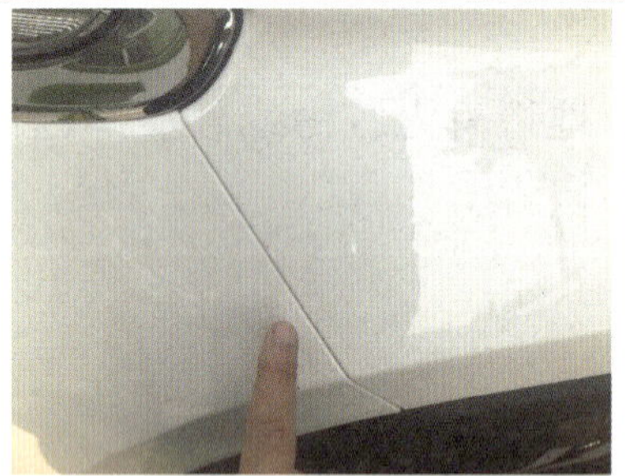	如左图所示，检查车身、前后保险杠、车身配合钣金件之间是否存在配合间隙过大、色差差异大等现象。
车门密封条检查	
	如左图所示，环检车辆，观察车门、风挡玻璃压条是否安装到位，必要时对可疑玻璃进行淋水检查，测试玻璃密封性，观察是否有裂纹产生，后风挡玻璃除霜焊接是否牢靠等。

图片示例	解析说明
玻璃损伤检查	
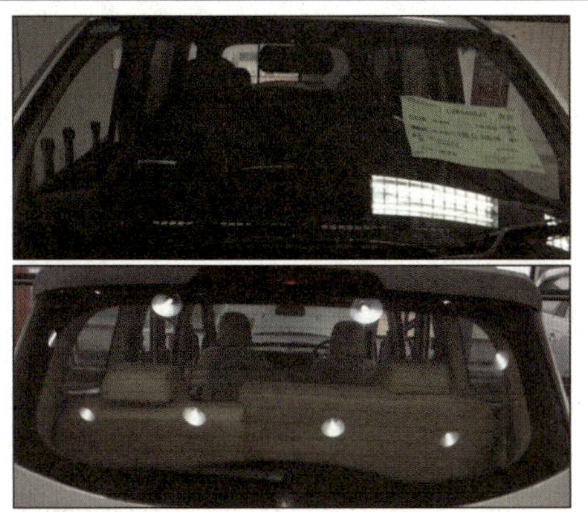	如左图所示，目视前后风挡玻璃及车窗玻璃是否变色、划伤、破损。不允许有颜色变化；不允许有大于 5mm 的划伤；不允许破损；左右对称的门窗玻璃必须同一规格、同一颜色。
轮胎及轮毂检查	
	如左图所示，环检车辆，观察四轮轮胎应无变形、无损伤，钢圈无划伤痕迹；饰盖无缺失，且标牌稳定扣合；四轮轮胎同型号、同厂家；轮胎气压须与轮胎标识一致；后续紧固轮胎螺母，扭矩为 110N · m。
后视镜及灯具检查	
	如左图所示，后视镜应镜面清洁，可正常上下左右调整；灯具不得有划伤、破损现象。

图片示例	解析说明
标牌及标识检查	
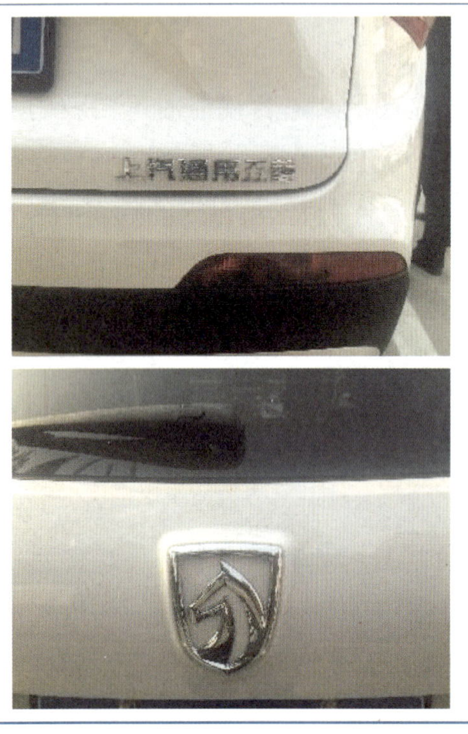	如左图所示，检查标牌（包括车型名称商标牌、厂标牌、型号标牌）、后装饰灯、防擦条、裙板。应安装平整、牢固、不歪斜、无划伤、无缺失，粘贴点不离空，翘起排量标识清晰。

1.3 课后练习

不定项选择题

1. 对于车辆外部检查，需要检查的项目包括（　　）。

   A. 车辆漆面是否有损坏

   B. 车辆的标识是否脱落

   C. 前后保险杠有无变形

   D. 车门密封条是否安装到位

2. 对于车辆内部检查，需要检查的项目包括（　　）。

   A. 检查各内饰板是否有脱漆、变形、鼓包现象

   B. 检查各内饰板是否完整

   C. 检查各内饰板装配是否到位

   D. 检查顶棚是否脱落、变形

动力传动系统的保养与检查

课程目标	顺利完成本章节内容后，可以达到以下目标：
	◆ 能够对车辆发动机进行保养操作； ◆ 能够对车辆变速器进行保养操作。

2.1 发动机的保养与检查

发动机就像汽车的心脏，保养得好与坏直接影响着汽车的性能和使用寿命，在每次保养时需对发动机外观、润滑系统、冷却系统、进气系统、排气系统、燃油系统、点火系统及发电机驱动皮带进行保养检查。

2.1.1 发动机外观检查

在每次保养时都需对发动机的外观进行检查，及早发现问题，避免故障扩大和升级，进行发动机检查时，需要对进气管、冷却液管、燃油管、空调管进行检查，并检查线束、插头等的连接及固定情况（注意管路及线束不要发生机械干涉）。

<table>
<tr><th>图片示例</th><th>解析说明</th></tr>
<tr><td colspan="2">发动机管路检查</td></tr>
<tr><td>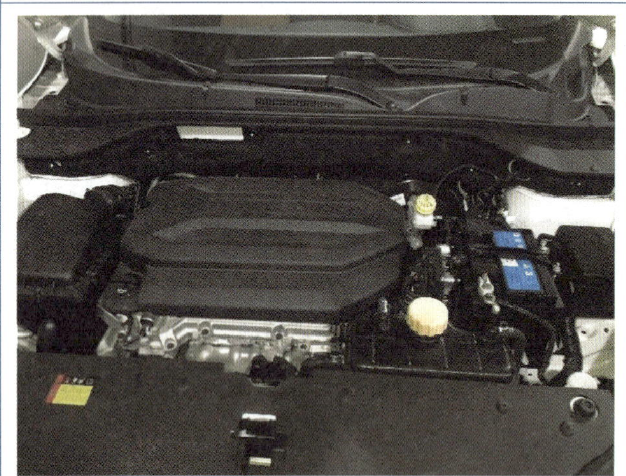</td><td>检查发动机表面的所有管路连接是否松动，与其他管路或零件是否发生干涉。
如左图所示，检查各连接管路是否存在泄漏及损坏，检查线束连接器是否存在松动、锈蚀，检查橡胶软管有无破损、裂纹等。</td></tr>
<tr><td colspan="2">油液渗漏检查</td></tr>
<tr><td></td><td>发动机舱内的油液渗漏，轻则导致工作不良，严重时可能导致灾难性事故（如汽油泄漏），因此在进行外观检查时，对各种油液的渗漏检查尤为重要。
发动机舱内的油液包括机油、冷却液、变速器油、助力油等。
从不同方位进行检查是否存在泄漏点。
通过机油尺、冷却液标线等手段确认泄漏严重程度。
根据油液的新鲜程度判断发生泄漏的时间长短。
注意：发现泄漏须马上进行处理（尤其是燃料系统）。</td></tr>
</table>

2.1.2 润滑系统的保养与检查

当车辆达到了正常的保养间隔，润滑油（机油）的颜色将逐渐变为暗棕色或黑色，且可能出现悬浮的金属粉末，因此需要对发动机的机油进行更换。

<table>
<tr><th>图片示例</th><th>解析说明</th></tr>
<tr><td colspan="2">发动机机油排放</td></tr>
<tr><td></td><td>更换发动机机油是最常见的车辆保养工作，更换之前需要对旧的发动机机油进行排放。
先将发动机预热到60℃以上。
如左图所示，对发动机机油盖周围进行清洁后，将机油盖拆下，放置在零部件车上。</td></tr>
<tr><td colspan="2">更换机油滤清器</td></tr>
<tr><td></td><td>如左图所示，将车辆举升到合适的高度后，拆卸油底壳的放油螺栓，将发动机机油排放到专业的机油收集器中。</td></tr>
<tr><td>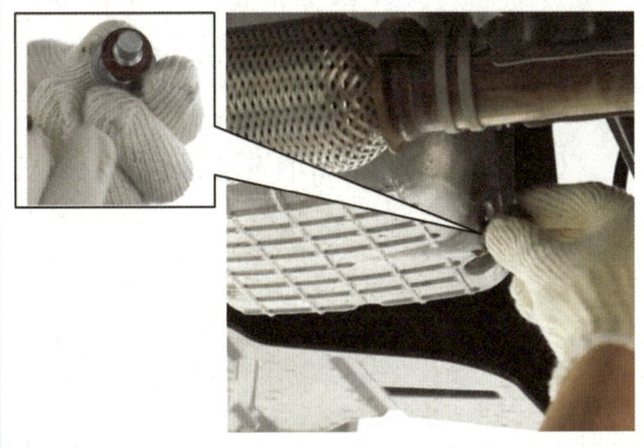</td><td>如左图所示，当没有机油排出后，将放油口和放油螺栓擦干净，更换放油螺栓的垫圈。最后，使用合适的工具把放油螺栓按标准扭矩拧紧，但不要拧得太紧。</td></tr>
</table>

图片示例	解析说明
	机油滤清器主要作用就是过滤机油中的杂质，从而保证机油达到最佳的润滑效果，因此在更换机油的时候务必进行更换作业。 如左图所示，找到机油滤清器的安装位置。清除机油滤清器周围的灰尘和碎屑。在机油滤清器的下面放一个适当的容器，使用机滤扳手拆下旧的机油滤清器。 注意：在拆下机油滤清器后，一定要检查安装表面，确保把旧的密封圈拆下。
	如左图所示，在新的机油滤清器的密封圈上涂抹薄薄一层机油。然后，用手把新的机油滤清器旋拧到制造厂商规定的扭矩。
机油加注	
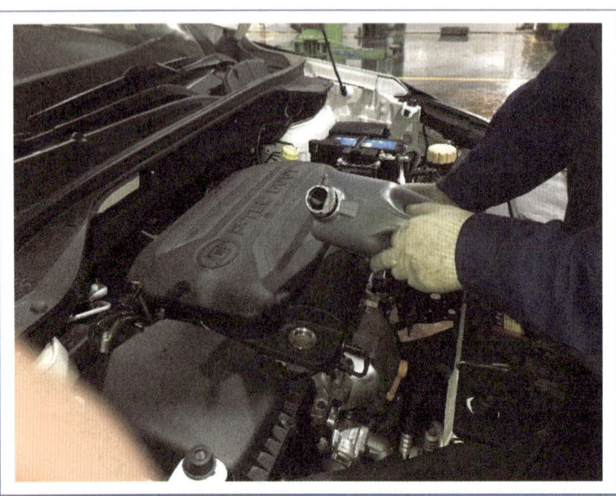	放油螺栓及机油滤清器紧固更换完成后，就可以通过机油加注口向发动机内部添加新的机油。 如左图所示，将新的发动机机油导入机油加注口内。 注意：加注机油时不要拔出机油尺，机油加注量请参考各发动机及车型技术参数或规格要求。

图片示例	解析说明
机油液位检查	
	过多的发动机机油会影响发动机运行，增加运行阻力，过少的机油会造成发动机机油报警灯不亮或损坏发动机，因此加注新的机油后还需要对新机油的加注量进行检查。 如左图所示，将车辆平放到地面后，启动发动机运行 2～3min，同时检查发动机放油螺栓和机油滤清器处是否有机油泄漏现象，然后关闭发动机大约等待 3min。
 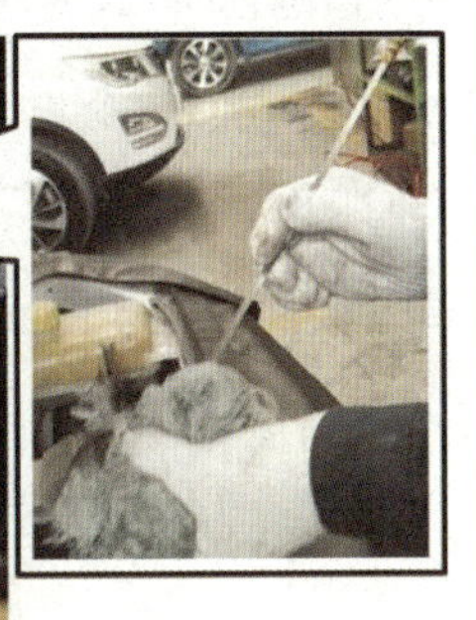	如左图所示，拔出机油尺，使用干净的抹布将机油尺上的机油擦拭干净，然后将擦拭干净的机油尺插入机油尺管中，注意一定要插到底部。
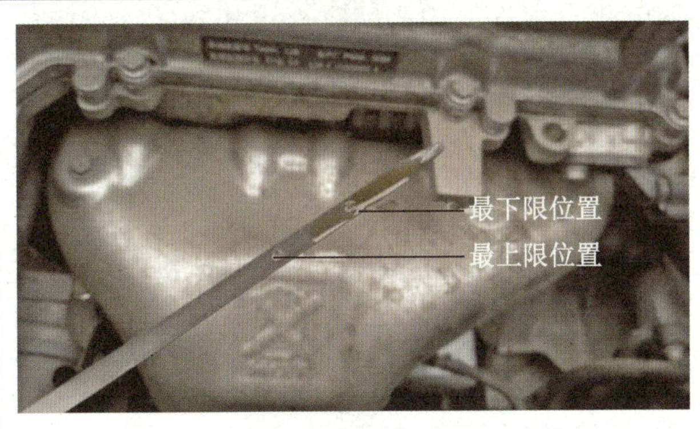	如左图所示，再次拔出机油尺检查机油液位，机油液位应处于机油尺最下限与最上限中间的位置，如不足或超出应进行处理。

2.1.3 冷却系统的保养与检查

汽车冷却液虽然沸点低，不容易蒸发，但长时间的使用和里程的积累，也会发生冷却液缺失、变色、冰点降低、结垢等问题。因此必须定期对冷却系统进行保养与检查。

图片示例	解析说明
冷却液位检查	
	发动机冷却系统中，冷却液的作用至关重要。如果出现冷却液缺失，将导致发动机冷却介质不足而引起的高温、发动机拉缸等严重事故。 如左图所示，冷却液的液位必须保持在副水箱上的最大刻度与最小刻度之间，如发现冷却液的液位较低，应及时添加。 添加冷却液时需要待发动机温度降低到安全范围后，小心释放冷却系统压力，使用正品冷却液添加至上限，运行发动机至温度达到正常值之后冷却，再次复查液位，必要时进行调整。
冷却液冰点检查	
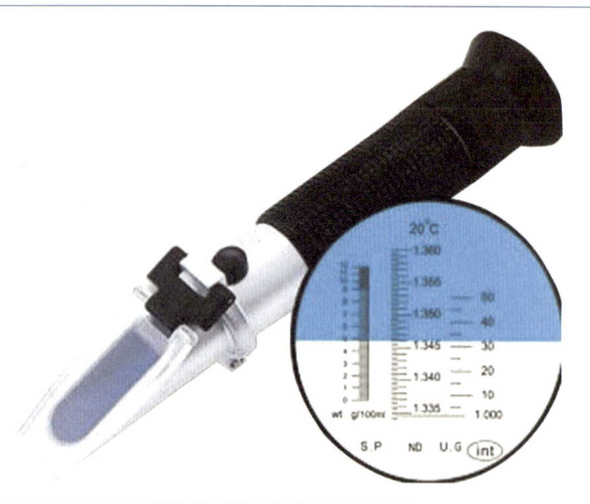	发动机冷却系统使用专用冷却液作为工作介质，如果冰点过低，发动机缸体、缸盖、暖风水箱、冷却器等零部件有冻裂的风险。为避免此类事件的出现，检查冷却液的冰点就成为了维修人员日常工作的一部分。 如左图所示，上海通用五菱（SGMW）为经销商提供了专业的冰点检测工具，通过使用专业的冰点测试仪对冷却液的冰点进行测试。
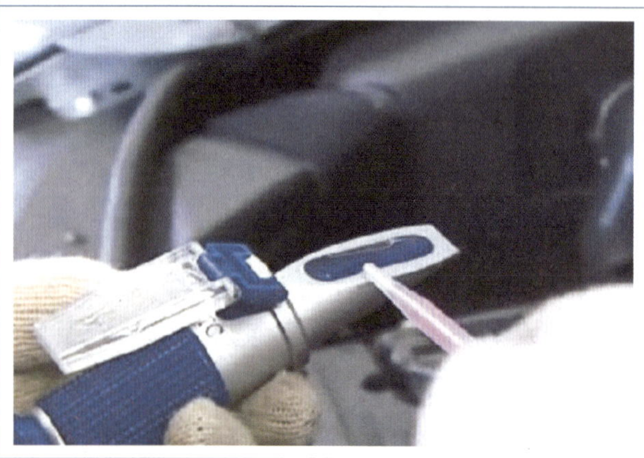	如左图所示，先清洁测试仪表面测试玻璃面板，再抽取一定量的样本液体，滴到测试玻璃面板上，然后覆盖测试仪盖玻片。

图片示例	解析说明
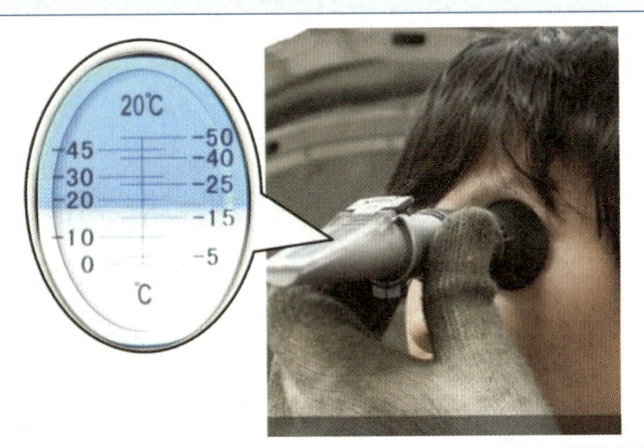	如左图所示，通过观察窗口看到的分界线的位置，即为液体冰点。 如果冷却液的浓度低于环境所需要的抗冻标准，需要更换冷却液。
冷却液排放	
	如果冷却液的使用寿命达到了保养要求年限，或由于某种原因发现冷却液的冰点达不到运行环境的要求，就需要进行冷却液的排放。 如左图所示，确保发动机冷却液温度降低不会对人体造成伤害后，缓慢拧开冷却液壶密封盖，释放系统压力，同时保证在排放冷却液时不会产生真空。
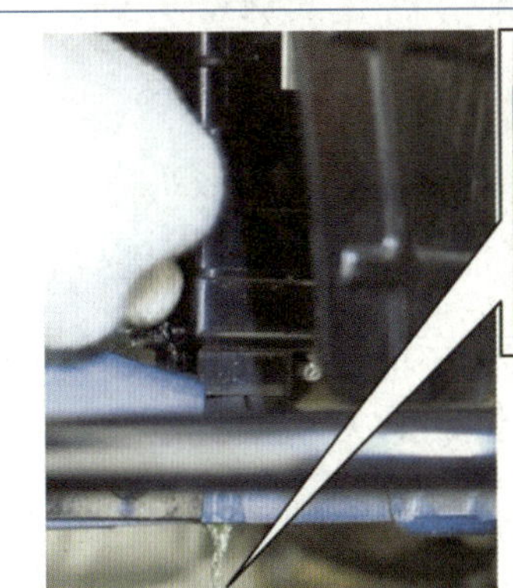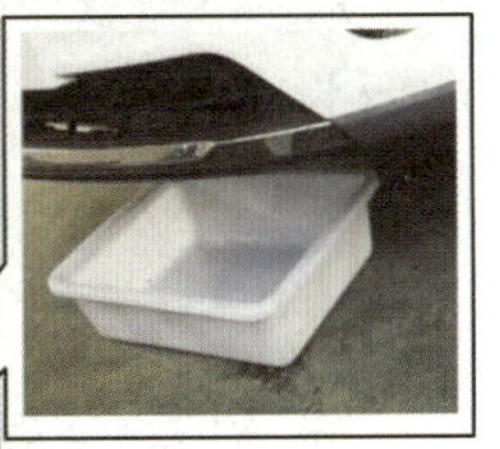	如左图所示，在散热器放水螺栓的下方放置好水盆，然后拧开散热器放水螺栓，直至排空散热器中的所有冷却液。
	如左图所示，当散热器的冷却液停止流出时，将散热器补水壶的壶盖拧紧。

图片示例	解析说明
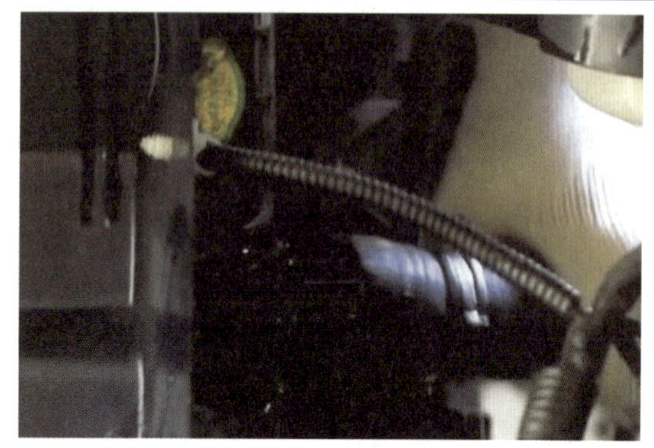	如左图所示，拆卸发动机与散热器之间连接的上水管。
	如左图所示，将吹尘枪对准上水管连接的发动机一端，向内吹高压空气，目的是完全排放发动机的剩余冷却液。 当散热器排水口不再有冷却液流出时，将散热器的放水螺栓进行紧固，并对上水管进行安装紧固。
冷却液加注	
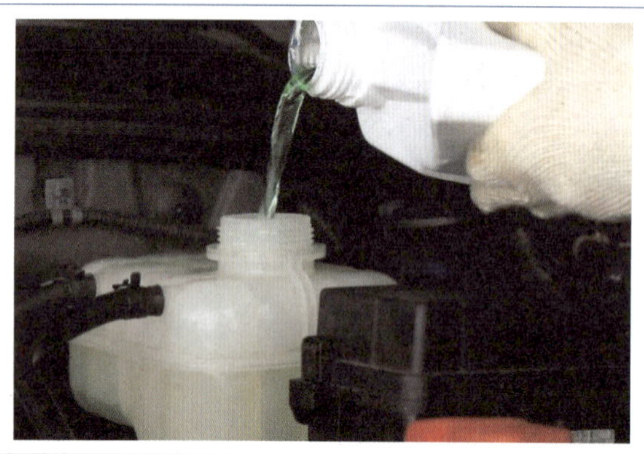	当冷却液完全排放后，需要往发动机中添加新的冷却液。 如左图所示，缓慢地将冷却液加注到冷却液补水壶中，直至加注到补水壶顶部位置，并使冷却液稳定30s，当液位下降后，继续加注冷却液，直至液位可以稳定地保持2min以上，停止加注。
 	如左图所示，启动发动机怠速运行，当冷却液液位下降时，随时对补水壶内冷却液进行添加，直至加注到补水壶顶部位置时停止。

2.1.4 进气系统的保养与检查

发动机进气过程是将空气或混合气导入发动机气缸的零部件集合体中，进气系统的主要保养内容是更换空气滤清器及清洗节气门。

图片示例	解析说明
更换空气滤清器	
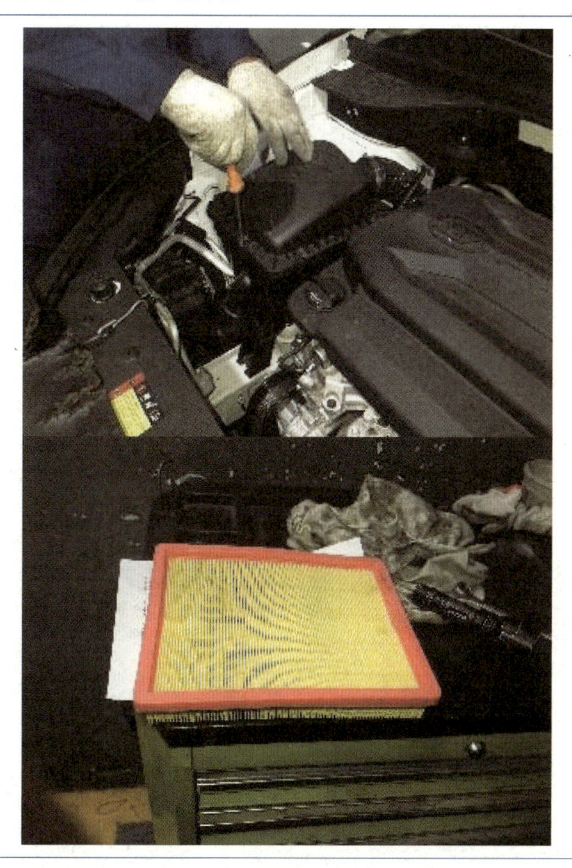	空气滤清器有使用寿命，如果不能定期清洁或更换，将导致车辆无力、费油，严重时甚至会损坏发动机。 如左图所示，使用合适的工具拆卸空气滤清器外壳及相关附件。
清洗节气门	
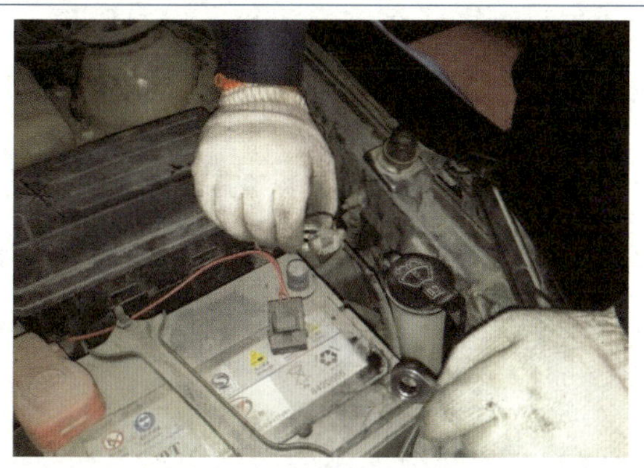	节气门是当今电喷车发动机系统最重要的零部件，其上部是空气滤清器，下部是发动机缸体，是汽车发动机的“咽喉”。节气门油泥过多，可能会引起发动机加速无力，油耗增加，因此需要对节气门进行定期清洗。 如左图所示，将点火开关置 OFF 挡后断开蓄电池负极连接电缆。

<table>
<tr><th>图片示例</th><th>解析说明</th></tr>
<tr><td>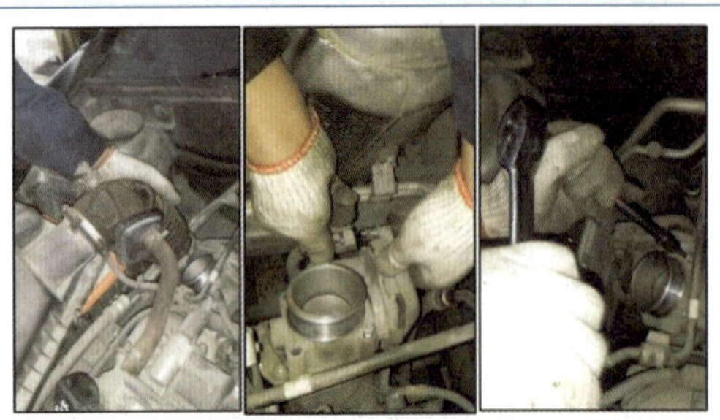</td><td>如左图所示，拆卸节气门相关附件及连接线束，拆卸节气门固定螺栓，拆卸以后使用棉布将进气歧管进气口堵住，避免异物进入进气歧管中。</td></tr>
<tr><td></td><td>如左图所示，使用节气门清洗剂对节气门脏污部位进行喷射清洗。
注意：使用带有润滑性质的清洗剂，不可使用化清剂进行清洗，清洗剂的清洁原理是溶解积碳，其成分对人体伤害较大，在清洁时最好戴上手套和口罩。</td></tr>
<tr><td>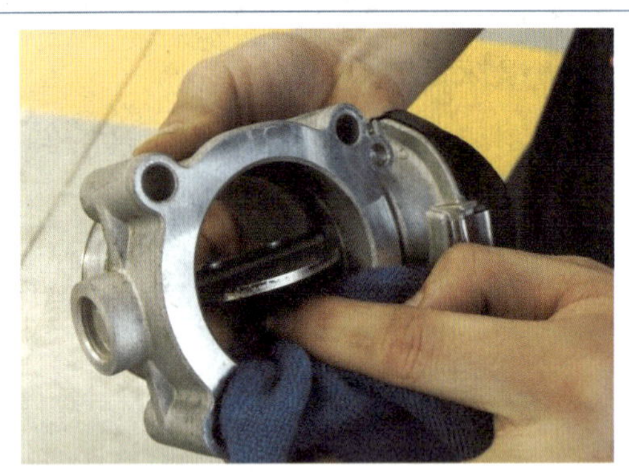</td><td>如左图所示，当看到节气门上的污渍已经被完全溶解后，用手便可以搬动节气门阀板，使用干净的抹布擦掉节气门内部的清洁剂，如遇到顽固的积碳，可以用柔软的毛刷进行清洁。
注意：不可使用钢刷或坚硬的工具对节气门进行清洁。</td></tr>
<tr><td>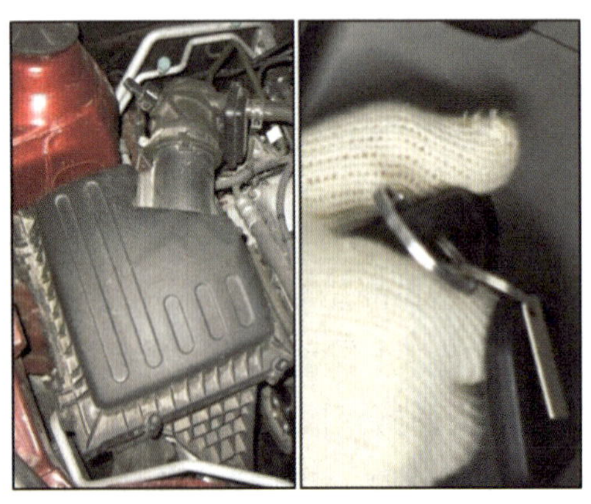</td><td>如左图所示，将清洗干净后的节气门装到进气歧管连接处，使用合适的工具将节气门紧固到标准扭矩。
注意：安装之前需要检查密封胶圈是否完好无损，如异常需要进行更换。
将点火开关置 ON 挡，然后将点火开关置 OFF 挡等待 15s，对节气门位置传感器进行初始化学习，学习完成后运行发动机，检查怠速运转状况。</td></tr>
</table>

2.1.5 排气系统的保养与检查

排气系统出现泄漏时，可能使有害气体进入乘客座舱。排气系统安装固定得不好，可能会与车底接触，车辆行驶时会感觉车底震动，因此保养时需要对排气系统进行检查。

图片示例	解析说明
排气管、吊耳检查	
	汽车排气管又称汽车排气管软管，它安装于发动机排气歧管和消声器之间，使整个排气系统连接，从而起到减震降噪、延长排气消声系统寿命的作用。排气管损坏后会使排气噪声过大，影响发动机排放，因此保养时需要进行检查。 如左图所示，将车辆举升到合适的工作高度，检查排气管各连接端面、排气管道是否存在腐蚀、锈蚀等现象。 检查排气管悬挂的吊耳是否存在开裂、丢失现象。 注意：如有上述故障应及时进行维修或更换。

2.1.6 燃油系统的保养与检查

燃油系统的功用是根据发动机运转工况的需要，向发动机供给清洁的、雾化良好的汽油，以便与空气混合形成可燃混合气。同时，燃油系统还需要储存相当数量的汽油，以保证汽车有足够的续驶里程。燃油系统的保养关键主要包含两部分内容：检查、更换燃油滤清器，定期清洁燃油系统。

图片示例	解析说明
检查、更换燃油滤清器	
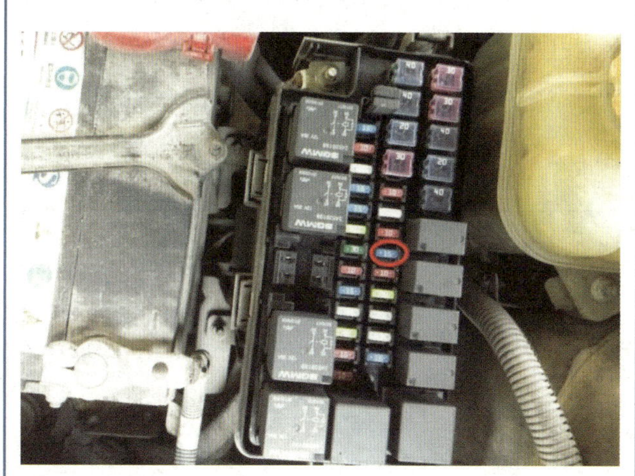	SGMW 厂家保养手册中规定汽车每 1 年或行驶 2 万公里需更换燃油滤清器，主要目的是保证发动机工作时能够得到清洁和标准的汽油。 由于燃油系统具有一定的初始压力，所以在对车辆燃油系统进行保养之前，需要先释放燃油系统的残余压力，否则喷溅的燃油可能导致火灾隐患。 如左图所示，拆卸燃油滤清器之前需关闭点火开关，拆卸燃油泵熔断器，启动发动机，怠速运转直至发动机自然熄火，启动发动机大约 5s 后，关闭点火开关。

图片示例	解析说明
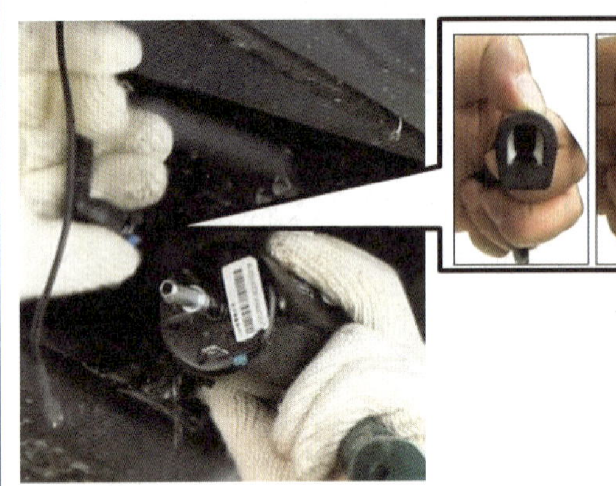	释放燃油压力，保证操作的安全性之后，即可对旧燃油滤清器进行拆卸。 如左图所示，拆卸燃油滤清器防护罩后，使用干净的车间抹布，时刻准备吸收溢出的燃油，按压燃油滤清器卡扣，当卡扣与燃油滤清器油管松脱后，就可以将旧的燃油滤清器拆卸。 注意：防止出现静电、明火等火灾隐患。
	拆卸燃油滤清器后，技师安装之前需要检查管路密封的受损情况，如密封件破损，则需要进行更换。 检查新的燃油滤清器与所更换配件是否一致，然后按照燃油滤清器上的液体流动方向进行安装。 注意：安装完成后，如果听到“咔”的一声，表明安装到位，并用手向外拉动油管，油管不应与燃油滤清器脱开。
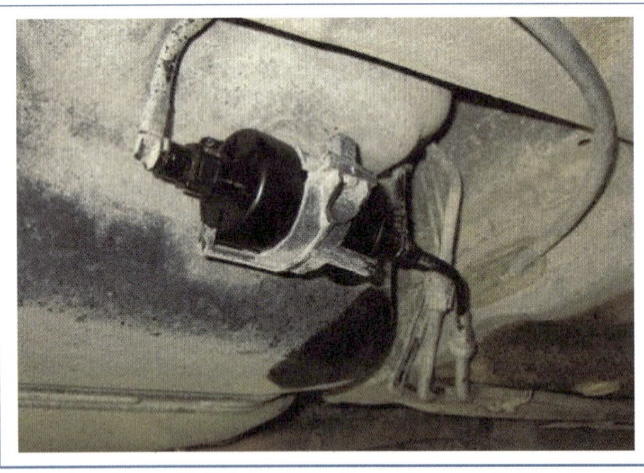	燃油滤清器安装完成之后，需开启、关闭点火开关数次，便于燃油压力的建立，观察燃油滤清器是否泄漏，燃油管路和燃油滤清器的连接有无渗漏，再次确认燃油滤清器安装安全可靠，然后启动发动机再次检查。 如无问题，恢复燃油滤清器的防护罩等附件，完成更换过程。

2.1.7 点火系统的保养与检查

点火系统的工作质量直接影响发动机的性能，因此对点火系统的保养与检查是非常重要的。

<table>
<tr><th>图片示例</th><th>解析说明</th></tr>
<tr><td colspan="2">火花塞检查、更换</td></tr>
<tr><td> </td><td>如左图所示，拆卸点火线圈线束连接器及点火线圈。
注意：拆卸点火线圈时需要对点火线圈周围进行清洁。</td></tr>
<tr><td> </td><td>如左图所示，使用合适的火花塞拆卸工具拆卸火花塞并取出，取出火花塞后需用棉布将火花塞孔堵住以防异物进入。
注意：拆卸火花塞之前需要使用高压空气或风枪对火花塞孔处进行清洁。</td></tr>
<tr><td> </td><td>如左图所示，取出新的火花塞，将火花塞的接线端插入合适的橡胶管中（通常可借助原车点火线圈进行安装）。
沿着火花塞孔壁滑入火花塞螺纹孔处，旋转橡胶软管，手动将火花塞扭转进螺纹中。
使用火花塞紧固工具将火花塞紧固至标准扭矩，按照拆卸顺序将相关附件进行安装。
安装完成后启动发动机检查运转情况。</td></tr>
</table>

2.1.8 发电机驱动皮带的保养与检查

五菱宝骏汽车发动机前端通常用两根多楔皮带驱动发电机、空调压缩机等附件，它的工作状态和性能优劣影响车辆供电、制冷等诸多方面，必须经常对其进行检查。

图片示例	解析说明
驱动皮带检查	
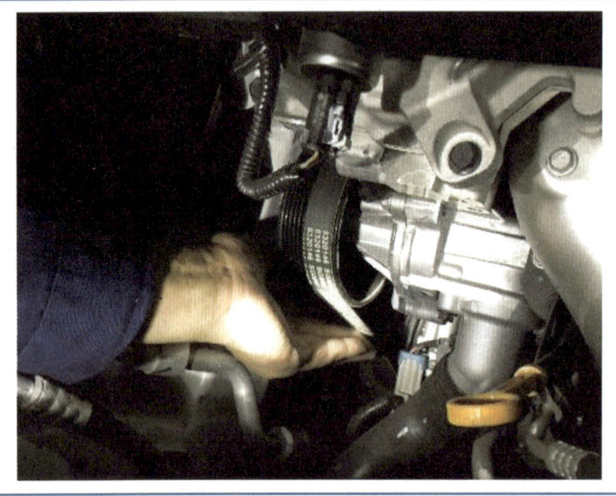	驱动皮带出现变形、开裂、割伤、磨损及脏污等状况，会影响发动机正常运转，因此五菱宝骏汽车的驱动皮带需要定期进行检查。 如左图所示，用 98N 的力（约 10kg/cm²）按压驱动皮带，新的驱动皮带变形量为 7～11mm，旧的驱动皮带变形量为 11～13mm。 当驱动皮带出现开裂、割伤、磨损等故障时，需要更换驱动皮带。

2.1.9 发动机舱的清洁

图片示例	解析说明
	当发动机保养项目完成以后，还需要对发动机舱进行清洁。其目的是去除发动机舱内零部件上的污垢，保证发动机健康运转，方便观察哪里容易出现污垢和漏油等问题。 如左图所示，将发动机舱内的杂物进行清除后，使用高压空气将发动机舱内的尘土进行清除。 使用专用清洗剂喷射到发动机舱内，等待大约 5min 后使用棉布对发动机舱进行擦拭，直至清除所有污物为止。 注意：不可使用高压水枪对发动机内部进行清洁。

2.2 手动变速器的保养与检查

手动变速器保养包括手动变速器外观、油液位检查及手动变速器油液更换等操作。

<table>
<tr><th>图片示例</th><th>解析说明</th></tr>
<tr><td colspan="2">手动变速器外观、油液位检查</td></tr>
<tr><td>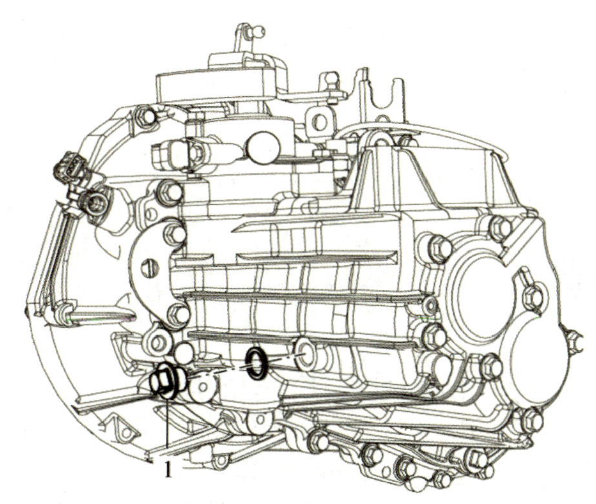

1—油液检查孔螺栓</td><td>检查手动变速器各连接螺栓是否牢靠。
检查手动变速器外观是否有漏油、渗油的痕迹。
为了保证手动变速器正常运行，每次保养时都需要对手动变速器油液位进行检查。
如左图所示，将发动机举升到合适的工作高度后，使用合适的工具拆卸油液检查孔螺栓 1。
注意：油液检查孔螺栓为一次性配件，拆卸后需要进行更换。
当油液从检查孔流出时，说明手动变速器油液无缺失。
检查手动变速器油液的颜色及杂质，如果油液颜色改变过大或存在焦糊味，应建议客户检修手动变速器。
注意：手动变速器油液量检查需要在冷态下进行。</td></tr>
<tr><td colspan="2">手动变速器油液更换</td></tr>
<tr><td>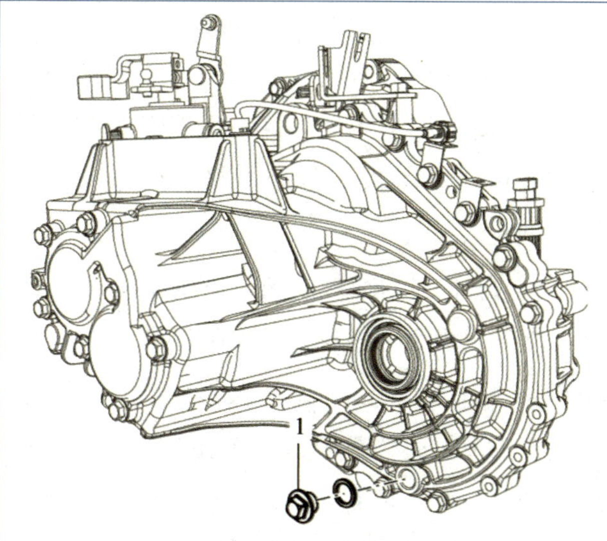

1—手动变速器放油螺栓</td><td>SGMW 厂家保养手册中规定汽车每 3 年或行驶 6 万公里需要更换手动变速器油液。
如左图所示，使用合适的工具拆卸手动变速器放油螺栓 1，拆卸过程会有手动变速器油液流出，使用集油器进行收集。
当油液完全流净后，安装放油螺栓，扭紧扭矩为（30±5）N・m。
注意：需要更换放油螺栓垫片。</td></tr>
</table>

图片示例	解析说明
 	如左图所示，安装放油螺栓后，使用加油机将新的手动变速器油液通过油液检查孔进行加注，直至油液从检查孔流出为止，重新安装新的油液检查孔螺栓并紧固到标准扭矩。

2.3 自动变速器的保养与检查

部分五菱宝骏汽车配备了自动变速器，因此需要定期对自动变速器油液位、油液、滤清器进行检查与更换。

图片示例	解析说明
自动变速器油液位检查	
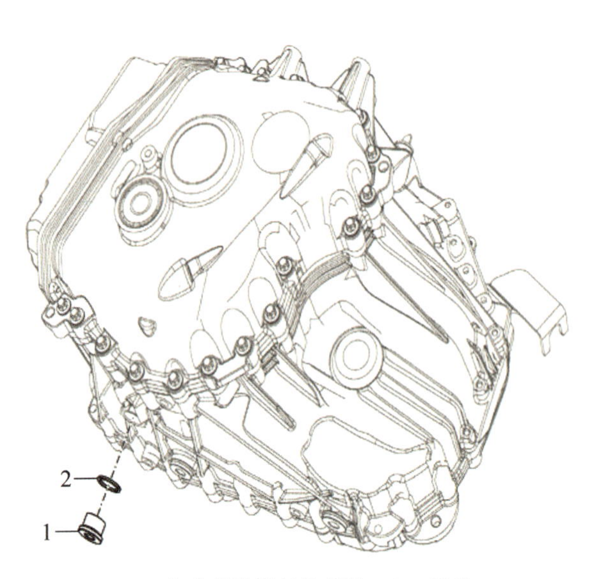 1—自动变速器放油螺栓；2—垫片	1．发动机怠速运行。 2．支撑并举升车辆。 3．切换至P挡，启动车辆，保持怠速状态。 4．踩下制动踏板，按照如下顺序切换挡位：R-N挡切换两次，N-D挡切换两次（切换过程中制动踏板一直处于踩下状态），最后换入N挡。 5．踩下制动踏板，切换至R挡，松开踏板，让车轮运转约10s。轻踩制动踏板至车轮停转后切换至N挡，重复操作一次。 6．踩下制动踏板，切换至D挡，松开踏板，让车轮运转约10s。轻踩制动踏板至车轮停转后切换至N挡，重复操作一次。

<table>
<tr><th>图片示例</th><th>解析说明</th></tr>
<tr><td></td><td>7. 踩下制动踏板至车轮完全停止，切换至 P 挡保持怠速，举升车辆至合适位置。拆下自动变速器油液检查孔螺栓 1 并报废垫片 2。检查油位，油液呈连续线状流出，则油液量是正常的。如果油位过低，则通过加油口加注自动变速器油液，直到油液开始成连续线状流出油液检查孔。
8. 安装新的垫片 2，否则有漏油的隐患。安装自动变速器油液检查孔螺栓 1 并紧固至（39±11）N • m。
9. 降下车辆。</td></tr>
<tr><td colspan="2">自动变速器油液、滤清器更换</td></tr>
<tr><td>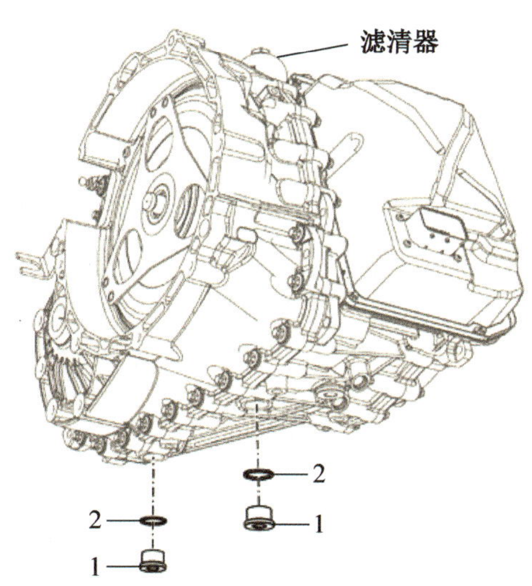

1—自动变速器放油螺栓；2—垫片</td><td>1. 断开 TCM 线束与阀体连接线。
2. 使用合适的工具拆下滤清器外壳。
3. 更换滤清器和密封圈。
4. 使用合适的工具将滤清器拧紧至规定扭矩。
5. 支撑并举升车辆。
6. 在自动变速器下放置合适的容器收集自动变速器油液。
7. 拆下自动变速器油液加油螺栓。
8. 拆下 2 颗自动变速器放油螺栓 1 和垫片 2，并报废垫片 2，排空自动变速器油液。
9. 安装新的垫片 2，安装自动变速器放油螺栓 1 并紧固至（39±11）N • m。
10. 通过加油口加注自动变速器油液直到油液开始成连续线状流出油液检查孔。安装新的垫片，安装自动变速器加油螺栓并紧固至（39±11）N • m。
11. 清洁变速器加油、放油螺栓处油迹。
12. 降下车辆。
13. 连接 TCM 线束与阀体连接线。</td></tr>
</table>

2.4 课后练习

一、不定项选择题

1．关于更换发动机机油后机油液位检查，下面说法正确的是（　　）。

A．发动机机油液位可以直接检查

B．先启动发动机再熄火检查

C．如果液位低于最低刻度，添加1L机油后再检查

D．发动机启动后，熄火等10min，再检查

2．检查发动机机油液位时，拔出机油尺，正常的液面位置在（　　）。

A．机油尺最下限位置之下

B．机油尺最上限位置与最下限位置之间

C．机油尺最上限位置之上

D．机油尺上没有液面印迹

3．以下关于排气管衬垫损坏后对车辆的影响，描述错误的是（　　）。

A．排气有异味

B．排气管与车辆干涉有震动

C．三元催化转换器损坏

D．排气系统突突声

4．以下关于五菱宝骏汽车发动机舱的项目检查，描述正确的是（　　）。

A．发动机舱内所有电气线束、插头、固定机构是否牢固可靠

B．检查发动机是否存在漏油状况

C．冷却液应处于合适位置，且没有渗漏现象

D．玻璃水没有标尺，只要里面有清洗液即可

二、问答题

1．简述五菱宝骏汽车机油更换过程。

2．简述五菱宝骏汽车燃油滤清器更换过程。

作业模块三

底盘系统的保养与检查

课程目标	顺利完成本章节内容后，可以达到以下目标：
	◆ 能够规范地执行车辆的举升； ◆ 能够规范地执行车轮与轮胎的保养与维护； ◆ 能够规范地执行机械制动系统的保养与维护； ◆ 能够规范地执行机械转向系统的保养与维护； ◆ 能够规范地执行悬挂系统的保养与维护； ◆ 转向系统的检查与维护。

3.1 转向系统的检查与维护

3.1.1 转向柱高低调节功能检查

图片示例	解析说明
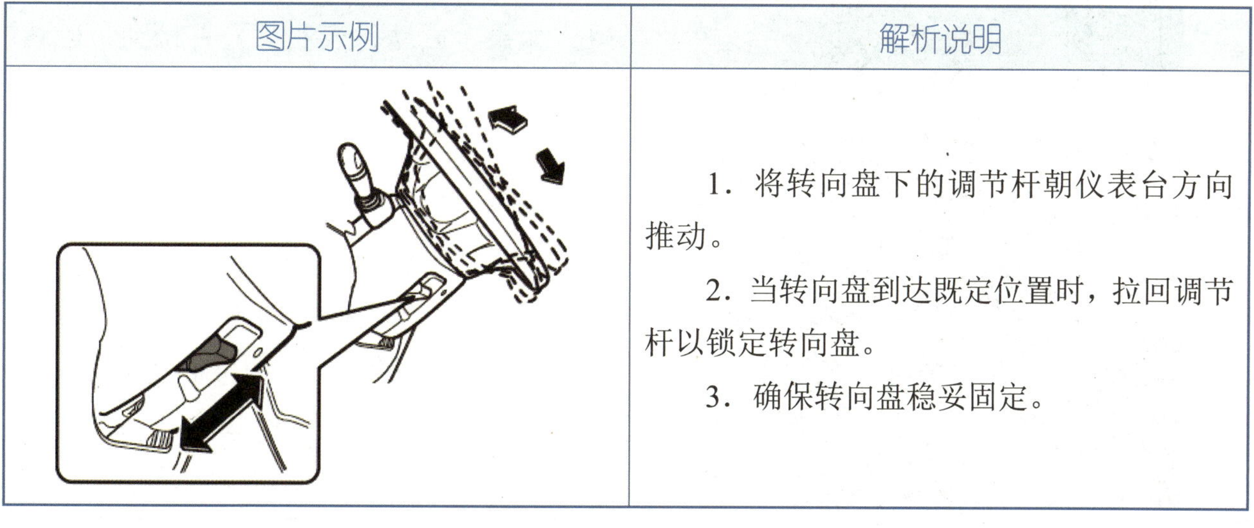	1. 将转向盘下的调节杆朝仪表台方向推动。 2. 当转向盘到达既定位置时，拉回调节杆以锁定转向盘。 3. 确保转向盘稳妥固定。

3.1.2 转向盘自由间隙的检查

图片示例	解析说明
	1. 在发动机熄火的状态下，左右轻轻晃动转向盘，直到转向盘有轻微阻力为止。 2. 转向盘有轻微的松动是正常的，如果松动过大，表明转向系统可能存在故障，需进一步检查与维修。 3. 转向盘间隙在 10°～15° 范围内算正常。

3.1.3 转向器内、外拉杆球头的检查

图片示例	解析说明
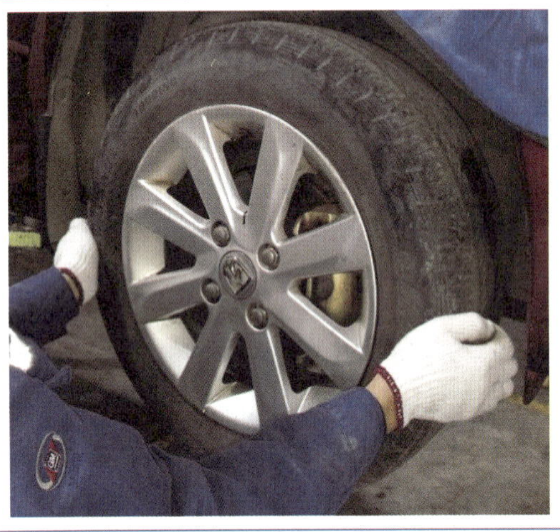	1. 支撑并举升车辆。 2. 手持车轮两侧的外边缘，左右轻微晃动。 3. 正常应该间隙很小，且没有“咯噔”的金属撞击声。 4. 如果异常，另一位技师用手分别触摸转向器内、外拉杆球头，正常没有震动感。如果有震动，表明拉杆有松动，应该进行更换。
	1. 检查外拉杆球头的防尘套是否漏油。 2. 检查内拉杆球头的防尘套是否开裂、是否有油渍。防尘套开裂应进行更换。

3.2 制动系统的检查与维护

3.2.1 制动液的检查

图片示例	解析说明
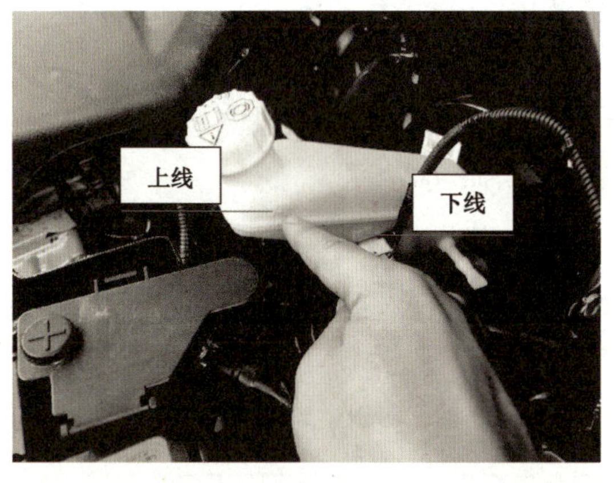	在不打开制动液加注口盖的状态下，检查制动液的液面是否处于上线与下线之间。 注意：如果制动液液位低于最低限度，不要立即进行添加。检查制动系统是否渗漏，如果渗漏需进行维修；进行制动片的检查，如果制动片磨损严重，则更换制动片后再次检查制动液位，如果液位还是偏低，再进行补加。
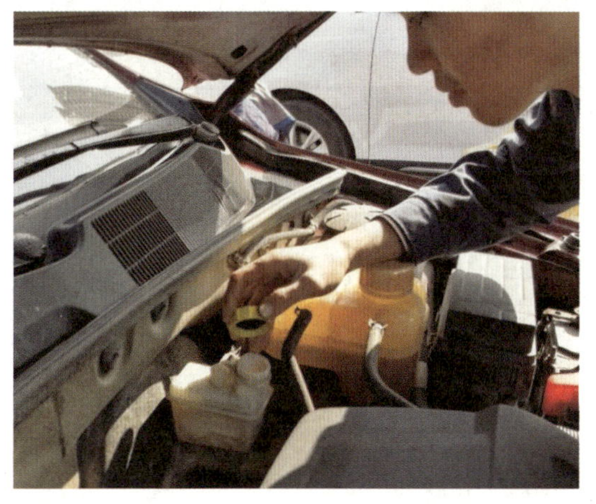	打开制动液加注口盖，观察制动液是否污染严重，如污染严重则进行更换。 注意：在拧开制动液加注口盖前，务必将加注口盖周围擦干净。 每次打开制动液加注口盖后，检查完毕应迅速拧紧制动液加注口盖，防止空气中的水分进入制动液中。
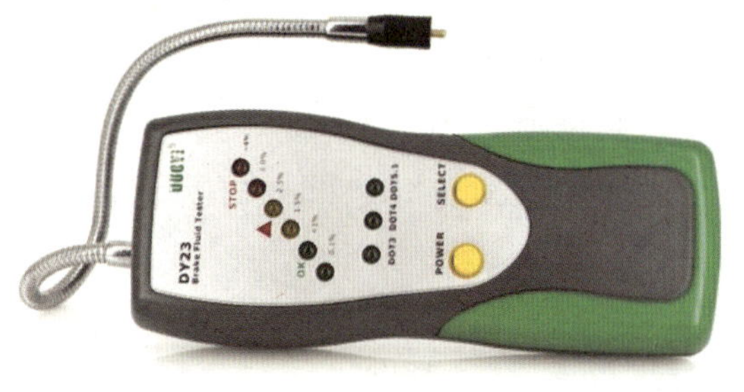	用制动液检测仪检查是否变质。如果检测仪指示灯为绿色，表明制动液质量良好，可继续使用；如果为黄色，表明有少量水分，建议用户更换；如果红色指示灯点亮，表明制动液水分过多，必须更换。

3.2.2　制动踏板的检查

图片示例	解析说明
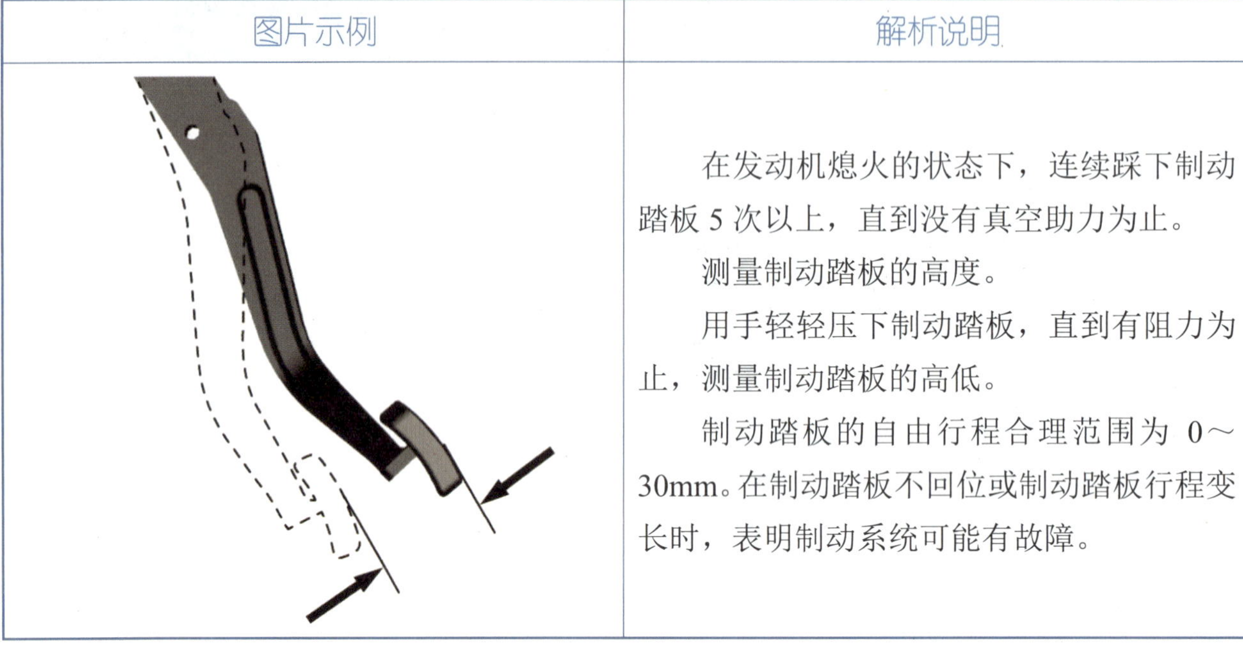	在发动机熄火的状态下，连续踩下制动踏板 5 次以上，直到没有真空助力为止。 测量制动踏板的高度。 用手轻轻压下制动踏板，直到有阻力为止，测量制动踏板的高低。 制动踏板的自由行程合理范围为 0～30mm。在制动踏板不回位或制动踏板行程变长时，表明制动系统可能有故障。

3.2.3　制动片的检查与更换

图片示例	解析说明
制动片的检查	
	注意： 检查同一车桥的制动片时，如果有一个制动片的厚度小于规定值，则必须更换该车桥的所有制动片。 如果通过目测能够确认制动片的厚度良好，则不用拆卸，用量具测量即可。 1. 车辆停入工位。 2. 支撑并举升车辆。 3. 在车轮和轮毂之间做好标记，拆卸四轮轮胎。 4. 拆卸制动钳导向销螺栓，向上转动制动钳。

图片示例	解析说明
	5．拆卸制动片，检查制动片表面是否出现严重烧蚀或开裂等现象，如有则需进行更换。 **注意：更换制动片时，不需要拆卸制动钳总成。** 6．用游标卡尺测量制动片的金属衬板和摩擦材料的总厚度。
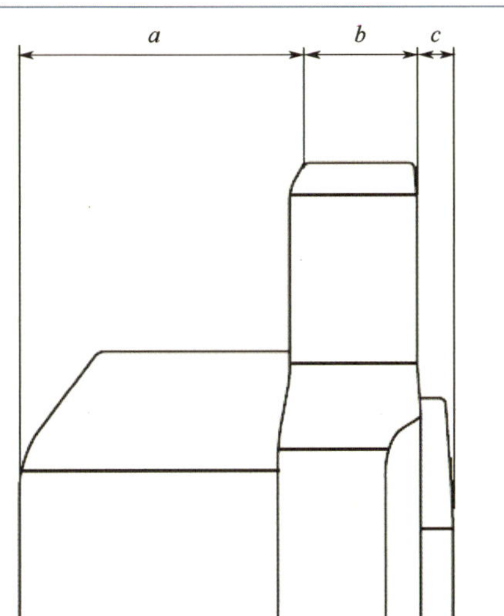	7．使用游标卡尺测量制动片金属衬板厚度 b。 8．计算制动片摩擦材料的厚度，厚度小于 2mm 时，需建议用户更换。
制动片的更换	
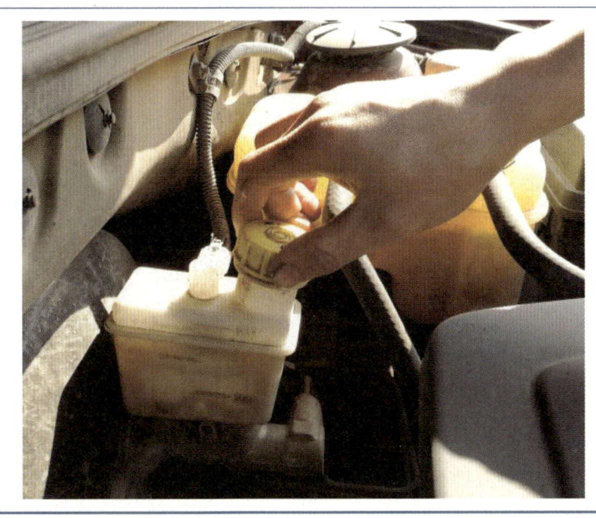	1．车辆停入工位。 2．检查储液壶中制动液液位。 3．如果液位高于制动液最高液位，需排出部分制动液。 4．支撑并举升车辆。 5．在车轮和轮毂之间做好标记，拆卸两前轮轮胎。

图片示例	解析说明
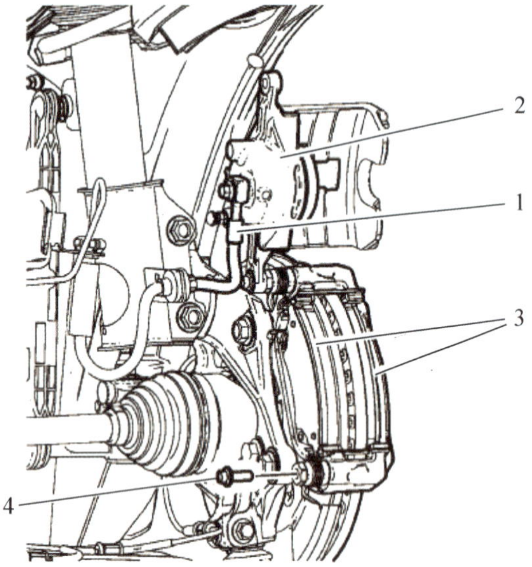 1—油管；2—制动钳；3—托架；4—导向销螺栓	6．拆卸制动钳导向销螺栓 4，向上转动制动钳 2。
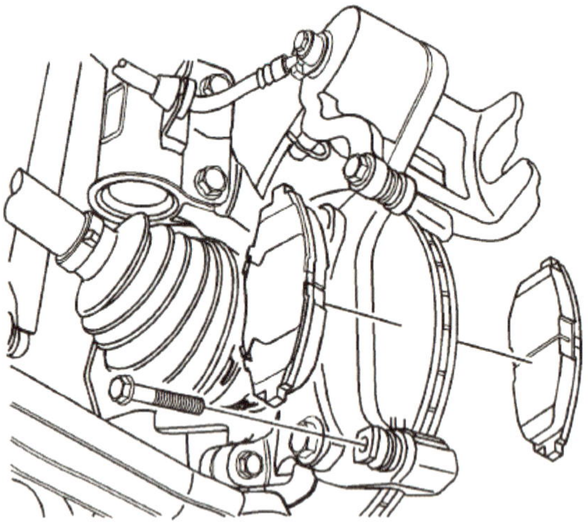	7．将制动片从制动钳安装托架上拆下。 注意：更换制动片时，不需要拆卸制动钳总成。
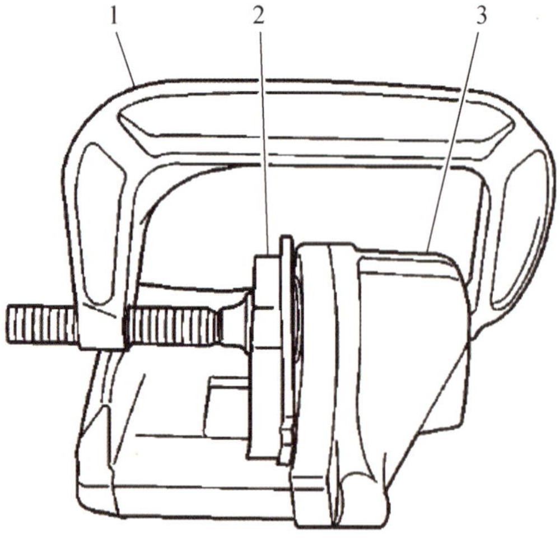 1—活塞分离压缩器；2—制动片；3—制动钳	8. 将报废的内侧制动片 2 或木块插到活塞前部，使用 C 型工具，将制动分泵活塞旋回制动钳孔中。

图片示例	解析说明
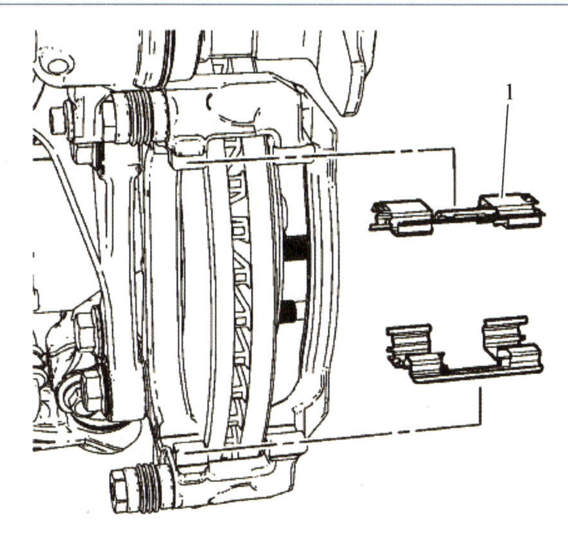 1—固定弹簧	9．将制动片固定弹簧从制动钳托架上拆下。 10．清理制动钳托架上制动片构架结合处的碎屑和腐蚀。 11．检查制动片固定弹簧 1 是否存在以下状况： ● 安装凸舌弯曲。 ● 严重腐蚀。 ● 制动钳安装托架松动。 ● 盘式制动片松动。 12．如果发现上述任何状况，则需更换盘式制动片固定件。
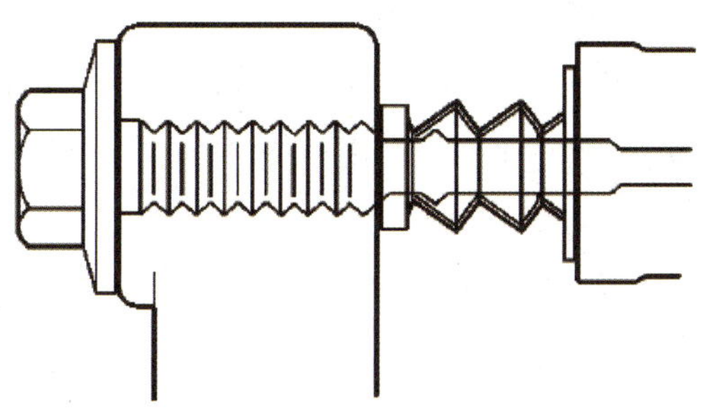	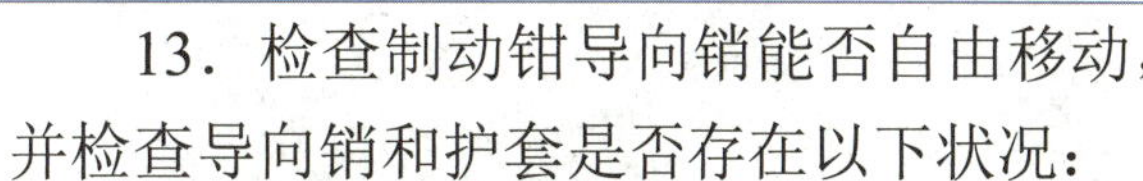 13．检查制动钳导向销能否自由移动，并检查导向销和护套是否存在以下状况： ● 导向销移动受限。 ● 制动钳安装托架松动。 ● 制动钳导向销卡死或卡滞。 ● 护套开裂或破损。 14．如果发现上述任何状况，则需更换导向销或护套。 **注意：每次更换制动片时，需使用专用的润滑脂对导向销进行润滑。**
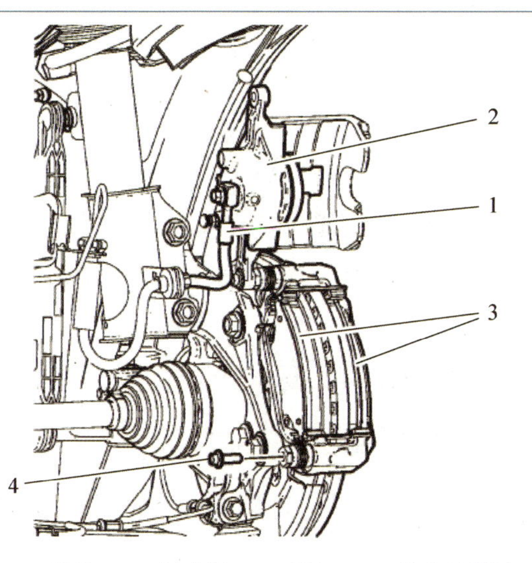 1—油管；2—制动钳；3—托架；4—导向销螺栓	15．将制动片固定弹簧安装至制动钳固定托架 3 上。 16．将制动片安装至制动钳固定托架上。

图片示例	解析说明
	17．安装制动钳导向销，并按规定扭矩紧固。 18．将车轮按照拆卸之前所做的标记进行安装，并按照规定扭矩进行紧固。
	19．发动机关闭，逐渐踩下制动踏板至其行程约 2/3 处。 20．缓慢松开制动踏板。 21．等待 15s，再次逐渐踩下制动踏板至其行程约 2/3 处直到制动踏板坚实，使制动钳活塞和制动片正确就位。 22．加注总泵辅助储液罐至适当液位。 23．磨合制动片和制动盘。

3.2.4 制动盘的检查与更换

图片示例	解析说明
制动盘厚度的检查	
千分尺	1．将车辆停入工位并举升起来，拆卸轮胎。 2．用工业酒精或经许可的同等制动器清洗剂，清洁制动盘的摩擦面。 3．用外径千分尺测量并记录制动盘圆周上均匀分布的 4 个或更多个点的最小厚度。 4．确保仅在摩擦面内进行测量，且每次测量时千分尺与制动盘外缘的距离相等，约为 13mm。

图片示例	解析说明
	5. 将制动盘的最小厚度测量值与维修手册标准进行对比： ● 如果制动盘的最小厚度测量值大于表面修整后的最小允许厚度值，则根据表面状况和磨损情况，可以对制动盘进行表面修整。 ● 如果制动盘的最小厚度测量值等于或小于表面修整后的最小允许厚度值，则能进行表面修整。 ● 如果制动盘的最小厚度测量值等于或小于报废厚度值，则制动盘需要更换。
制动盘厚度偏差的检查	
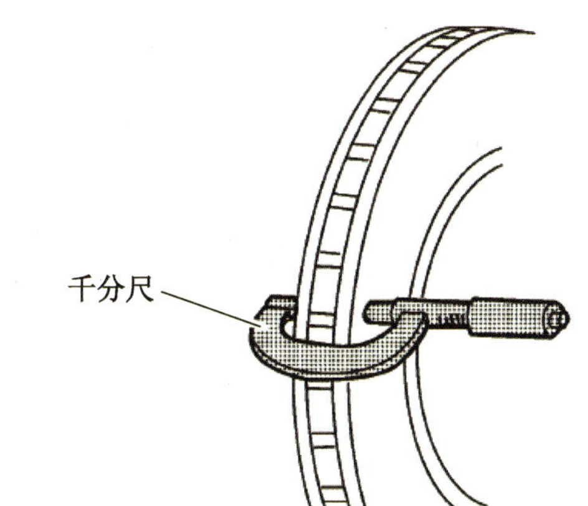	1. 将车辆停入工位并举升起来，拆卸轮胎。 2. 用工业酒精或经许可的同等制动器清洗剂，清洁制动盘的摩擦面。 3. 用外径千分尺测量并记录制动盘圆周上均匀分布的 4 个或更多个点的最小厚度。 4. 确保仅在摩擦面内进行测量，且每次测量时千分尺与制动盘外缘的距离相等，约为 13mm。 5. 计算所记录的最大和最小厚度测量值之差，得出制动盘的厚度偏差测量值。 6. 将制动盘的厚度偏差测量值与维修手册标准进行对比： ● 如果制动盘的厚度偏差测量值超过规定值，则制动盘需要进行表面修整或更换。

<table>
<tr><th>图片示例</th><th>解析说明</th></tr>
<tr><td colspan="2">制动盘表面和磨损的检查</td></tr>
<tr><td></td><td>1. 将车辆停入工位并举升起来，拆卸轮胎。
2. 用工业酒精或经许可的同等制动器清洗剂，清洁制动盘的摩擦面。
3. 检查制动盘摩擦面是否存在以下状况：
● 严重锈蚀或点蚀。（轻微的表面锈蚀可用砂轮清除，严重的表面锈蚀或点蚀必须通过制动盘表面修整清除。）
● 开裂或灼斑。
● 严重变蓝。
4. 如果制动盘摩擦面出现上述一种或几种状况，则制动盘需要进行表面修整或更换。</td></tr>
<tr><td>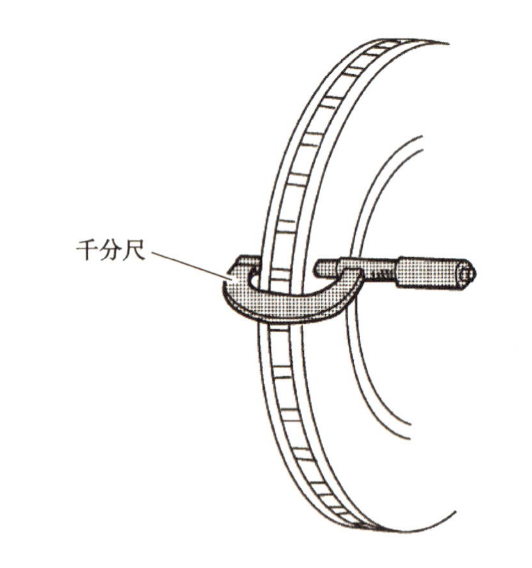
</td><td>5. 使用千分尺测量并记录制动盘摩擦面上所有凹槽的划痕深度。
6. 将记录的凹槽划痕深度与维修手册标准进行对比：
● 如果划痕深度超过规定值或划痕过多，则制动盘需要进行表面修整或更换。</td></tr>
</table>

<table>
<tr><th>图片示例</th><th>解析说明</th></tr>
<tr><td colspan="2">制动盘端面跳动量的检查</td></tr>
<tr><td></td><td>1. 将车辆停入工位并举升起来，拆卸轮胎。
2. 用工业酒精或经许可的同等制动器清洗剂，清洁制动盘的摩擦面。
3. 标记制动盘与车轮双头螺栓的相对位置。
4. 检查轮毂/车桥法兰和制动盘的接合面，确保没有异物、腐蚀、锈蚀或碎屑。如果轮毂/车桥法兰和制动盘的接合面出现上述状况，则执行以下步骤：
（1）将制动盘从车辆上拆下。
（2）使用轮毂表面修整工具组件，彻底清理轮毂/车桥法兰接合面上的锈蚀或腐蚀。
（3）使用制动盘表面修整工具组件，彻底清理制动盘接合面上的锈蚀或腐蚀。
（4）用工业酒精或经许可的同等制动器清洗剂，清洁制动盘的摩擦面。</td></tr>
<tr><td>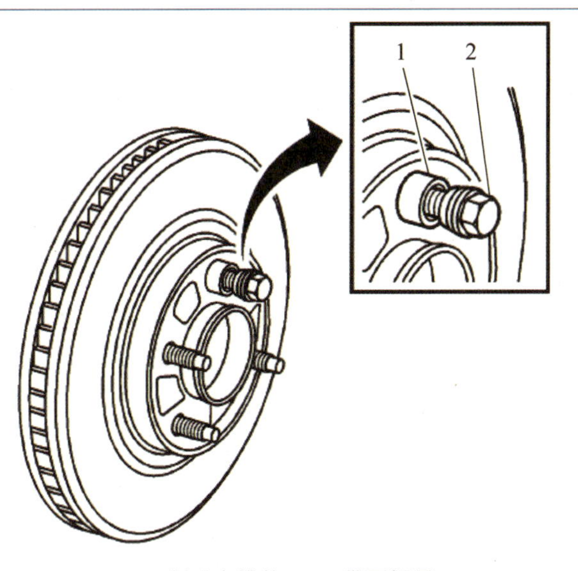

1—制动盘锥垫；2—带耳螺母</td><td>5. 对准拆卸前所做的装配标记，将制动盘安装至轮毂/车桥法兰上。
6. 使制动盘紧靠轮毂/车桥法兰，并将制动盘锥垫 1 和带耳螺母 2 安装至位置最高的车轮双头螺栓上。
7. 继续固定住制动盘并用手紧固带耳螺母。</td></tr>
</table>

<table>
<tr><th>图片示例</th><th>解析说明</th></tr>
<tr><td>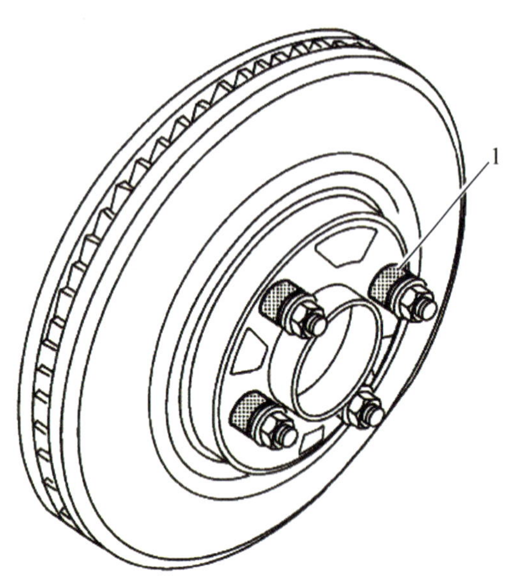

1—制动盘锥垫</td><td>8. 将其余的制动盘锥垫 1 和带耳螺母安装到车轮双头螺栓上，并按星形顺序用手紧固螺母。
9. 按星形顺序将带耳螺母紧固至规定扭矩，以正确固定制动盘。
10. 如果制动盘经过表面修整或换上新件，则转至步骤 13。
11. 如果制动盘符合以下条件，则转至步骤 12。
● 制动盘符合规格并可再次使用。
● 制动盘未经过表面修整。
● 制动盘厚度偏差未超过最大允许值。</td></tr>
<tr><td>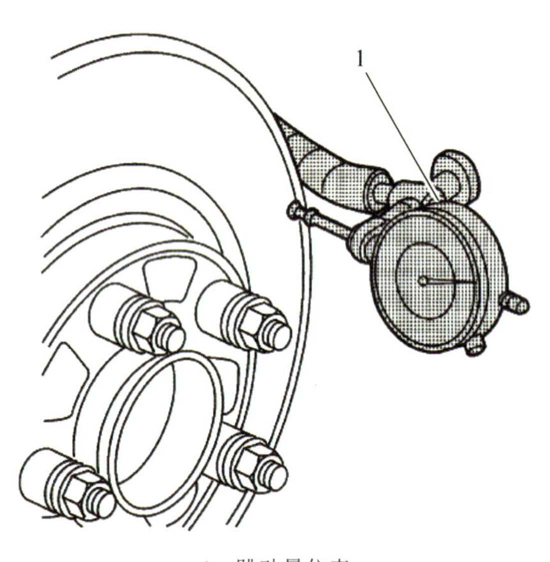

1—跳动量仪表</td><td>12. 将轮毂和车轮跳动量仪表 1 或同等工具安装至前减震器，并放好千分表测量头，使其与制动盘摩擦面以 90° 接触，且距离制动盘外边缘约 13mm。
13. 测量并记录制动盘装配后端面跳动量。
（1）转动制动盘，直到千分表读数达到最小，然后将千分表归零。
（2）再次转动制动盘，直到千分表读数达到最大。
（3）标记车轮双头螺栓的最高点位置。
（4）测量并记录端面跳动量。
14. 将制动盘装配后端面跳动量与维修手册标准进行比较：</td></tr>
</table>

图片示例	解析说明
	● 如果制动盘装配后端面跳动量符合规格，转至步骤 15。 ● 如果制动盘装配后端面跳动量超过此规格，则对制动盘进行表面修整以确保准确的平行度。制动盘表面修整后，转至步骤 12。 15．安装制动钳并踩几下制动踏板，以便使制动盘固定到位，然后再拆下制动盘锥垫。
制动盘的更换	
	**注意：为确保两侧均匀制动，两个制动盘的表面光滑度和划痕深度必须相同。为此，务必一起更换两个制动盘。** 1．将车辆停入工位。 2．检查储液壶中制动液液位。 3．如果液位高于制动液最高液位，需排出部分制动液。 4．支撑并举升车辆。 5．拆卸前轮轮胎。
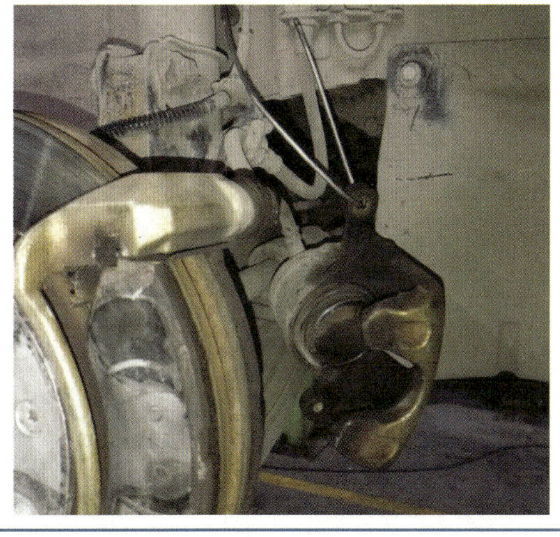	6．将制动钳和制动钳安装托架作为总成拆下，并用粗铁丝或同等工具支撑总成。 7．用专用工具将制动分泵压回。

图片示例	解析说明
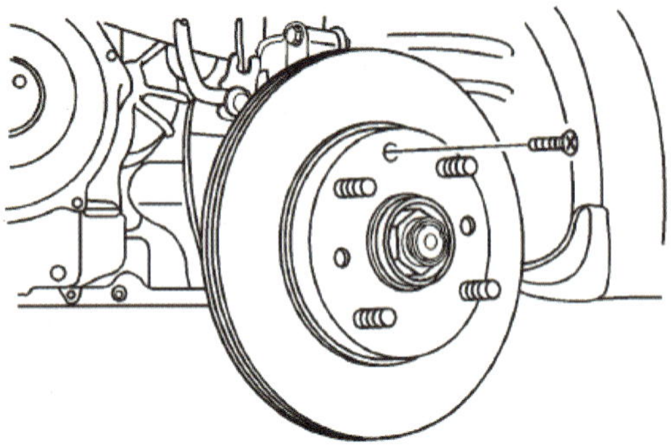	8．拆下制动盘固定螺钉。 9．将制动盘从轮毂上拆下。
	10．清理各零部件接合面和安装面。 ● 清理轮毂/车桥法兰接合面锈蚀。 ● 清理制动盘接合面和安装面锈蚀。 ● 检查轮毂/车桥法兰和制动盘接合面，确保没有异物和碎屑。
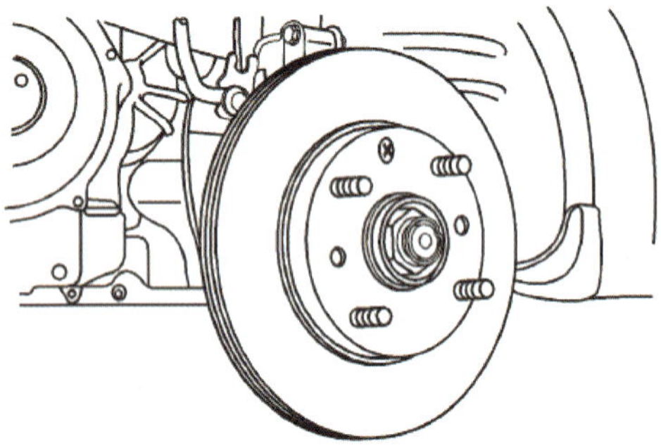	11．安装新的制动盘到轮毂/车桥法兰上。 12．安装制动盘固定螺钉。
	13．将制动钳和制动钳托架作为总成安装到转向节上。 注意：安装时不能损坏ABS传感器。 14．安装车轮总成。

图片示例	解析说明
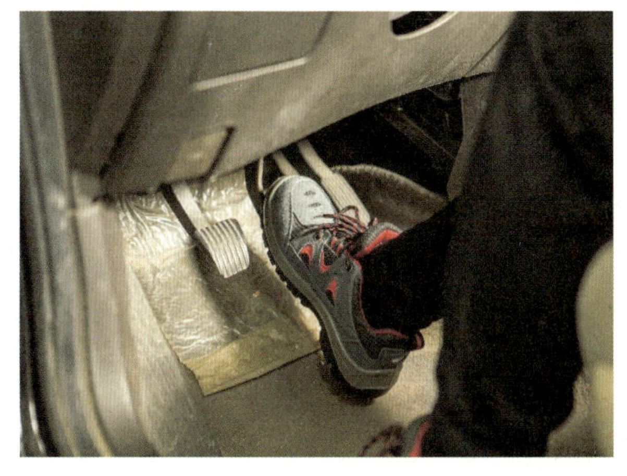	15．发动机关闭，逐渐踩下制动踏板至其行程约 2/3 处。 16．缓慢松开制动踏板。 17．等待 15s，再次逐渐踩下制动踏板至其行程约 2/3 处直到制动踏板坚实，使制动钳活塞和制动片正确就位。 18．加注总泵辅助储液罐至适当液位。 19．磨合制动片和制动盘。

3.2.5　制动管路的检查

图片示例	解析说明
	1．目视检查所有制动管路是否存在以下状况： ● 扭结。 ● 排布不正确。 ● 固定件缺失或损坏。 ● 接头泄漏。 ● 严重腐蚀。 ● 与其他地方有干涉。 2．如果有任何制动管路出现上述状况，则需要更换相应的一个或多个制动管路。 3．务必将车桥正确支撑在行驶高度，以保持挠性制动软管与底盘的相对位置正确。

图片示例	解析说明
扭结 软点	4. 目视检查所有挠性制动软管是否存在以下状况： ● 扭结。 ● 排布不正确。 ● 扭曲。 ● 磨损。 ● 固定件缺失或损坏。 ● 接头泄漏。 ● 开裂。 ● 腐蚀。 ● 起泡或鼓起。 5. 如果有任何挠性制动软管出现上述状况，则需要更换相应的一根或多根挠性制动软管。 6. 用手指紧紧按压挠性制动软管，检查是否有软点（该现象表明有内部阻塞）。检查每根软管的全长。 7. 如果发现任何挠性制动软管有软点，则该挠性制动软管需要更换。

3.2.6 驻车制动器的检查

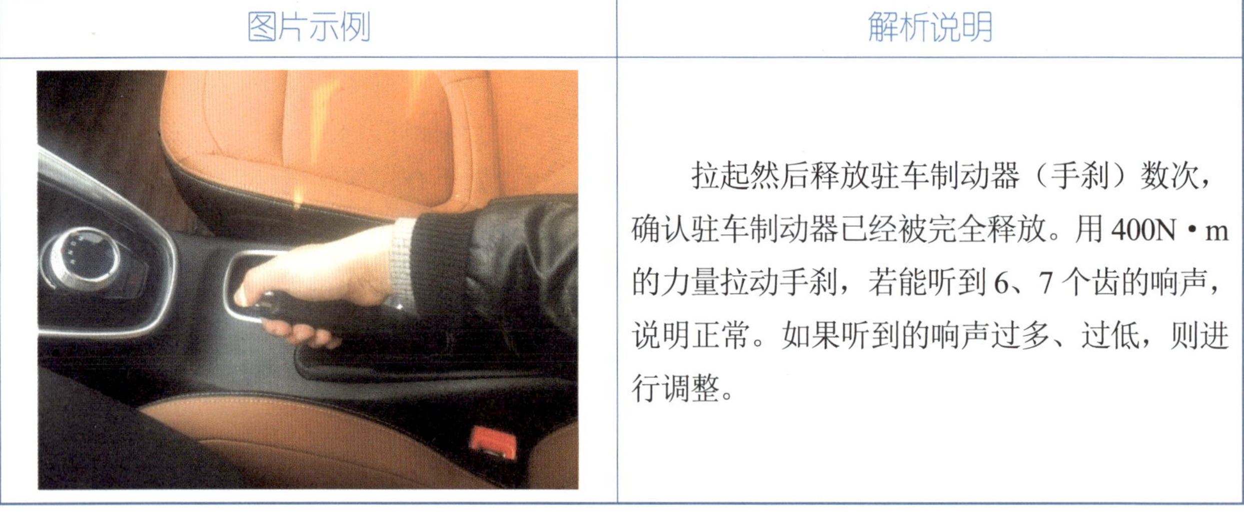

图片示例	解析说明
	拉起然后释放驻车制动器（手刹）数次，确认驻车制动器已经被完全释放。用400N·m的力量拉动手刹，若能听到6、7个齿的响声，说明正常。如果听到的响声过多、过低，则进行调整。

3.3 悬架的检查

3.3.1 前悬挂的检查

图片示例	解析说明
	检查前悬挂各个连接螺栓有无松动。 检查减震器有无漏油或变形。 检查转向节臂有无变形。
	检查下控制臂有无松动或胶套开裂。
	检查稳定杆连杆球头有无松动，用手上下晃动，应无间隙感。

3.3.2 后悬挂的检查

图片示例	解析说明
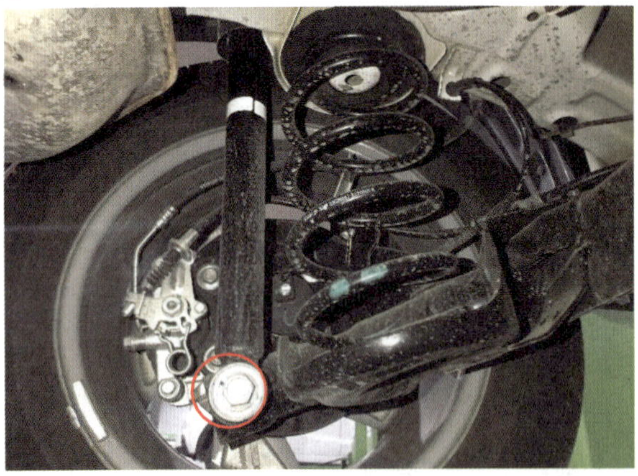	检查后悬挂各个连接螺栓有无松动。
	检查减震器有无漏油或变形。
	检查后桥有无变形。

3.3.3 平衡杆的检查

图片示例	解析说明
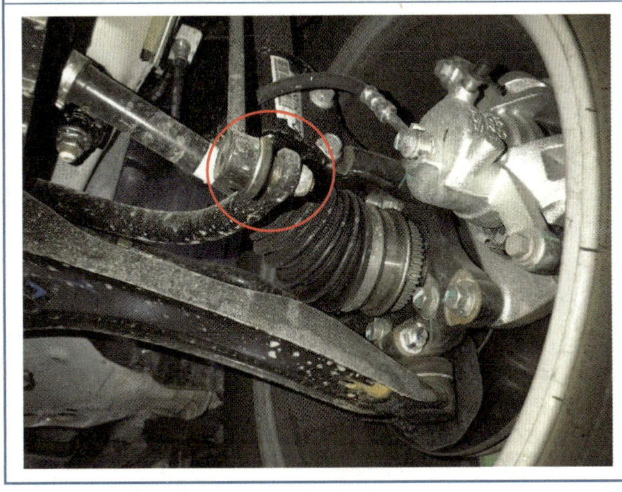	车辆举升后，检查平衡杆外观是否变形。检查平衡杆的连接螺栓是否紧固牢靠。

3.3.4 车轮轴承的检查

图片示例	解析说明
车轮轴承间隙检查	
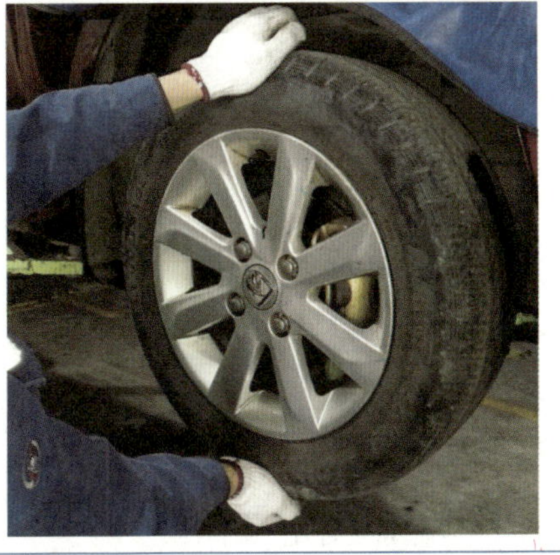	车辆举升后，用手在轮胎的上下位置轻微晃动车轮。如果有间隙，需更换车轮轴承。
车轮轴承异响检查	
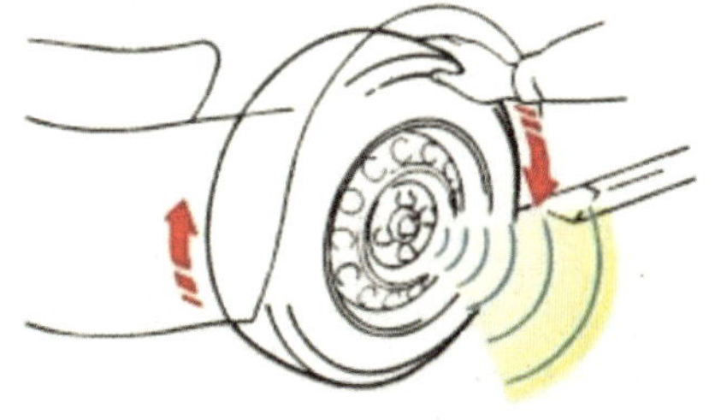	车辆举升后，用手转动车轮，正常车轮运转平稳，无卡滞或异常噪声，如果异常，需更换车轮轴承。

 3.4 车轮与轮胎的检查与维护

3.4.1 车轮的拆卸与安装

图片示例	解析说明
	1. 松开车轮固定螺栓（如果车轮有装饰罩，应首先拆除）。 2. 举升车辆至合适位置。
	3. 在车轮和轮毂上做好标记。 注意：拆卸轮胎前要在车轮和轮毂上做标记，便于安装。
轮胎 固定螺栓	4. 拆卸轮胎固定螺栓。 5. 拆卸车轮固定螺栓。

图片示例	解析说明
	6．车轮和轮毂/制动盘之间有异物进入或装配过紧，拆卸会比较困难，可用橡皮锤敲击轮胎侧壁，以便拆下车轮，禁止采用渗入机油的方法。 7. 如果轮胎和车轮总成拆卸困难，执行以下步骤： （1）安装并紧固受影响车轮上的所有车轮螺母。 （2）将每个车轮螺母松开两圈。 （3）降下车辆。 （4）使车辆左右侧摆。 （5）必要时，重复上述程序。 8. 如果轮胎和车轮总成仍未松动，执行以下步骤： （1）启动发动机。 （2）行驶车辆使其稍微向前或向后移动，同时在改变方向前迅速猛踩制动踏板。 （3）必要时，重复上述程序。
	9．拆下车轮及轮胎。 注意：安装车轮之前，刮除并用钢丝刷刷去车轮安装面、制动鼓或制动盘安装面上的锈蚀。安装车轮时，若安装面金属之间接触不紧密，会引起车轮螺母松动。这将导致车辆行驶时车轮脱落，造成车辆失控并可能伤人。 为确保车轮螺母的紧固符合要求，必须使用扭矩扳手。切记不要在车轮双头螺栓、螺母或安装面上使用润滑剂或渗透型液体，因为这会增加螺母上的实际扭矩，与扭矩扳手上的读数不一致。车轮双头螺栓、螺母或安装面必须清洁干燥。

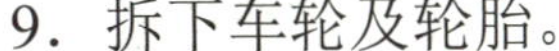

图片示例	解析说明
	10．车辆下降至合适高度，安装轮胎，拧紧轮胎固定螺栓。 11．车辆下降至地面，按照如左图所示的顺序拧紧车轮螺母。
	12．将扭矩扳手设定到规定的扭矩140N•m。
	13．按照规定的扭矩紧固轮胎固定螺栓。

3.4.2　轮胎外观检查

图片示例	解析说明
	1．检查轮胎胎面是否出现如左图所示的异常磨损情况。不同的磨损状态，表明其可能的故障原因如下： （1）充气不足，转向困难，没有定期进行轮胎换位。

图片示例	解析说明
(1)　(2)　(3) (4)　(5)	(2)车轮定位不当，转向困难，没有定期进行轮胎换位。 (3)车轮定位不当。 (4)充气过足，加速过猛，没有定期进行轮胎换位。 (5)磨损指示器显示正常磨损。 注意：如果因为车轮定位不当出现故障，更换轮胎后必须执行车轮定位的检查，否则可能导致更换后的轮胎行驶一段时间之后又出现异常磨损的情况。
	2. 检查轮胎的侧壁是否有鼓包。
	3. 检查轮胎的侧壁或胎面是否有开裂等情况。
	4. 检查轮胎是否有异物扎入。根据扎入物体的大小、截面积及扎入位置，视情况维修或更换。 5. 检查轮胎表面是否有异物，比如石子等，颗粒较大的需进行清除。 6. 检查钢圈有无变形或划伤。

图片示例	解析说明
	7. 检查轮胎花纹深度。使用专用轮胎花纹深度尺测量花纹深度，如果轮胎花纹深度低于 1.6mm，需更换轮胎。

3.4.3 轮胎气压检查

图片示例	解析说明
	推荐的轮胎气压一般可通过用户手册或维修手册查询到。为了方便查询，在车辆的右前 B 柱处贴有轮胎气压信息。 轮胎气压在热态、冷态下，其标准是不同的。车辆停放时间超过 1h 的属于冷态，行驶距离大于 3km 的属于热态。热态轮胎气压一般高于冷态轮胎气压约 30kPa。 用气压表检查轮胎气压，应符合推荐值。如果气压缺失太多，可能存在轮胎漏气的故障。
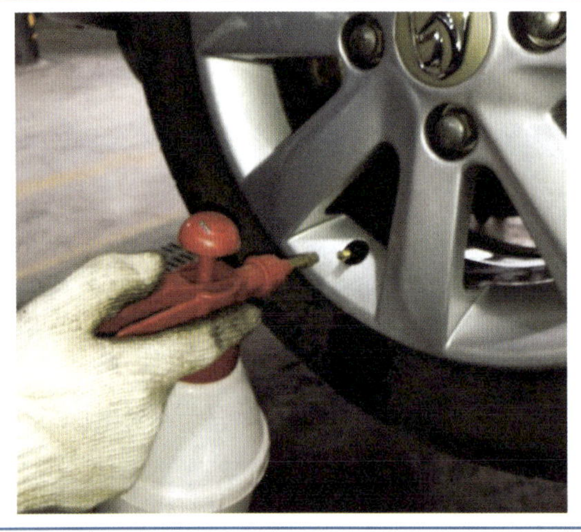	用气压表检查轮胎气压后，需用肥皂水涂抹气门嘴，检查是否有泄漏。

3.4.4 轮毂的检查

图片示例	解析说明
	1. 检查轮毂的外侧是否有严重外伤。 2. 检查轮毂的内侧是否有严重外伤或开裂。

3.4.5 轮胎换位

图片示例	解析说明
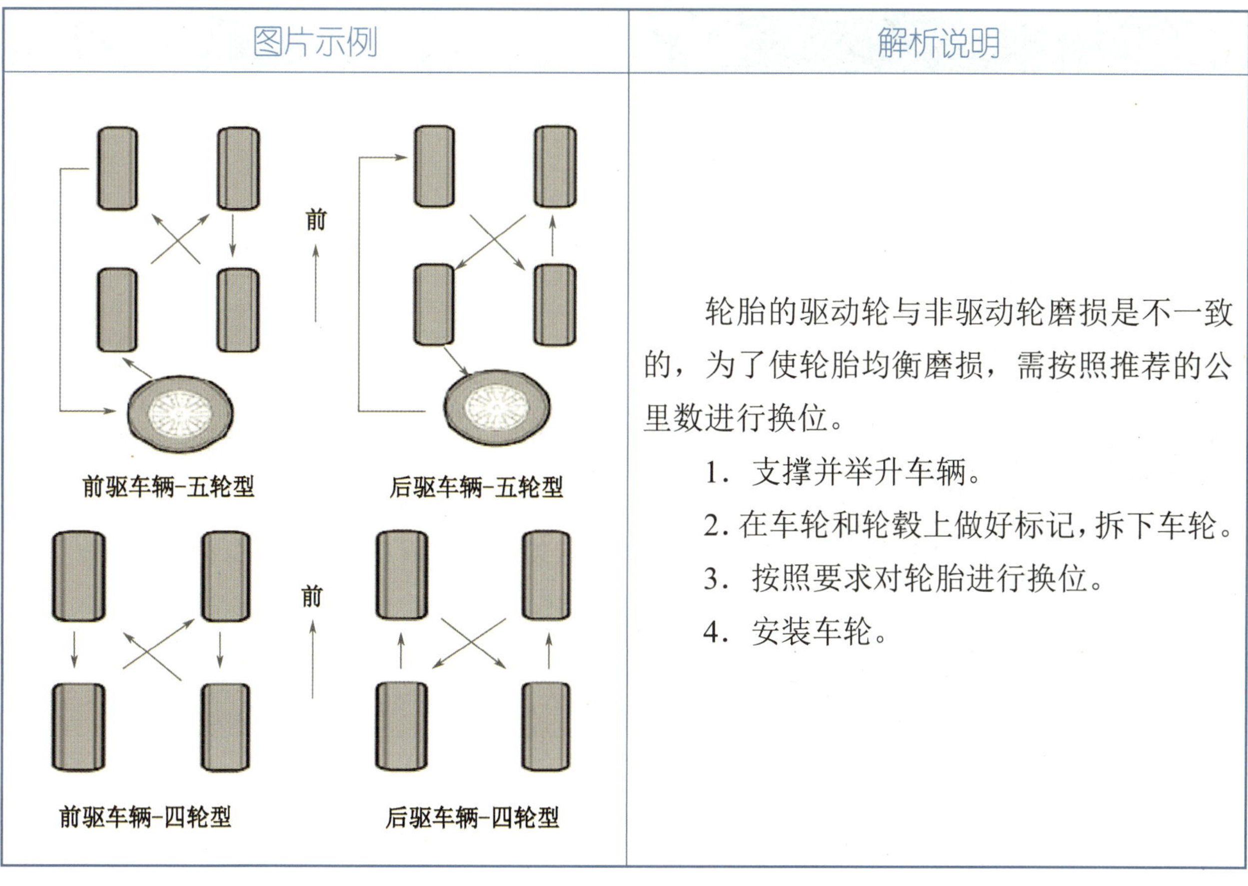	轮胎的驱动轮与非驱动轮磨损是不一致的，为了使轮胎均衡磨损，需按照推荐的公里数进行换位。 1. 支撑并举升车辆。 2. 在车轮和轮毂上做好标记，拆下车轮。 3. 按照要求对轮胎进行换位。 4. 安装车轮。

3.5 传动轴的检查与维护

3.5.1 传动轴外观检查

图片示例	解析说明
	进行如下检查。 1. 各连接螺栓是否松动。 2. 外观是否有外伤。 3. 胶套是否老化。

3.5.2 传动轴间隙检查

图片示例	解析说明
	如果传动轴磨损严重，则会导致车辆在传递扭矩变化时出现震动或噪声。可以使用塞尺检查传动轴的轴向侧隙，其标准值范围为0～0.06mm。

3.6 半轴的检查与维护

半轴是差速器与驱动轮之间传递扭矩的实心轴，其内端一般通过花键与半轴齿轮连接，外端与轮毂连接。保养时需要对半轴的间隙、防尘套及外观进行检查。

3.6.1 半轴防尘套检查

图片示例	解析说明
	半轴上的防尘套如果破损，将会造成半轴内、外球笼的润滑脂流失，尘土与杂质进入球笼润滑部位，导致万向节磨损加剧，半轴球笼过早损坏。因此每次保养时需要进行检查，如发现防尘套存在损坏现象，应及时进行更换。

3.6.2 半轴油封漏油检查

图片示例	解析说明
	半轴一端与差速器进行连接，半轴油封在两者之间起到密封的作用。油封密封不严会造成差速器油液渗漏，影响差速器正常工作，因此需要对半轴油封的密封性能进行检查。 如左图所示，将车辆举升到合适的高度，检查半轴与差速器之间是否存在漏油现象，如存在漏油现象需查找故障原因，并进行修理或更换。 **注意：**漏油是指油液滴漏现象，燃油蒸汽与漏油不同，需要进行判断。

3.7 差速器的检查与维护

3.7.1 外观检查

1．检查差速器各个连接螺栓有无松动。

2. 检查差速器是否有严重外伤。

3. 检查差速器油封是否漏油。

3.7.2 油液液位的检查

图片示例	解析说明
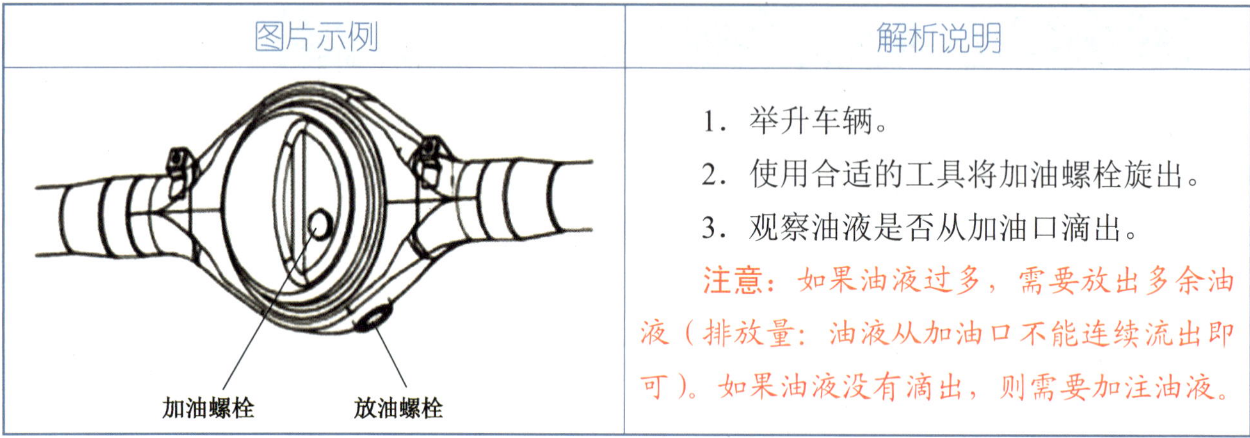	1. 举升车辆。 2. 使用合适的工具将加油螺栓旋出。 3. 观察油液是否从加油口滴出。 注意：如果油液过多，需要放出多余油液（排放量：油液从加油口不能连续流出即可）。如果油液没有滴出，则需要加注油液。

3.7.3 油液的泄放

1. 举升车辆。

2. 使用合适的工具将加油螺栓旋出。

3. 使用合适的工具将放油螺栓旋出，拆卸过程会有油液流出，使用集油器进行收集。

4. 当油液完全流净后，安装放油螺栓，拧紧至规定扭矩。

5. 使用绒布将放油口周围油迹清理干净。

3.7.4 油液的加注

1. 将专用差速器油加入加油机，使用加油机从加油口处给差速器加注油液。

2. 当油液从加油口滴出时，安装加油螺栓。

3. 使用合适的工具将加油螺栓拧紧至规定扭矩。

4. 使用绒布将加油口周围油迹清理干净。

3.8 紧固底盘螺栓

五菱宝骏 510 底盘关键螺栓/螺母扭矩值如下。

- 前副车架与前大梁连接螺母（前点）：（180±20）N·m
- 前副车架与前大梁连接螺栓（后点）：（130±20）N·m
- 稳定杆连杆至前减震器连接螺母：（45±5）N·m
- 稳定杆连杆至稳定杆连接螺母：（45±5）N·m
- 转向器至前副车架连接螺栓（螺母）：（85±10）N·m
- 前下摆臂与副车架连接螺栓/螺母（前点）：（125±15）N·m
- 前下摆臂与副车架连接螺栓/螺母（后点）：（115±15）N·m
- 前下摆臂球头销夹紧连接螺栓（螺母）：（70±8）N·m
- 后减震器与后扭转梁连接螺栓：（160±25）N·m
- 后减震器与车身连接螺栓：（50±5）N·m
- 后扭转梁与车身连接螺栓：（120±10）N·m
- 后轮毂与后扭转梁连接螺栓：（115±15）N·m
- 后减震器上支座与后减震器螺杆连接螺栓：（27±3）N·m

3.9 课后练习

一、不定项选择题

1. 在检查制动液液位时，当发现液位低于最低线时，以下做法正确的是（　　）。

   A. 直接补充制动液到上线位置

   B. 检查制动管路是否存在泄漏

   C. 检查制动片是否过度磨损

   D. 如果检查确定是制动片磨损严重，直接补充制动液到上线位置

2. 在更换制动液时，以下描述正确的是（　　）。

   A. 推荐的方法是两人进行操作

   B. 优先用抽油机将油壶内的旧油液抽出

   C. 加注新的油液后，打开制动分泵放气螺栓，等待干净的油液自动流出后紧固放气螺栓

   D. 放气排油的顺序是右后、左后、右前、左前

3. 以下对于制动踏板高度的检查描述正确的是（　　）。

A. 在发动机怠速工况下检查

B. 用尺子测量踏板高度

C. 用约 400N • m 的力量踩下制动踏板，测量制动踏板的高度

D. 制动踏板的高度可以通过改变真空助力器推杆的长度来调整

4. 在更换制动片时，以下描述正确的是（　　）。

A. 更换制动片时无须拆卸制动卡钳固定螺栓

B. 每次更换制动片时，需使用专用润滑脂对制动钳导向销进行润滑

C. 在更换制动片时无须检查制动液的液面情况

D. 更换新的制动片后，需执行制动片的磨合操作程序

5. 在检查制动盘厚度时，以下描述正确的是（　　）。

A. 使用工业酒精对制动盘进行清洁

B. 使用千分尺进行测量

C. 制动盘厚度是均匀的，只要测量一个点就可以了

D. 将测量的数据与维修技术标准对比，符合要求的可进行使用

6. 在检查制动盘表面时，需修正或更换制动盘的情况包括（　　）。

A. 表面严重锈蚀

B. 表面严重发蓝

C. 表面龟裂

D. 表面划痕过深

7. 在检查制动管路时，需检查的项目有（　　）。

A. 是否存在干涉现象

B. 接口是否存在渗漏现象

C. 固定是否良好

D. 是否存在锈蚀现象

8. 在检查制动软管时，需要检查的项目有（　　）。

A. 是否存在扭结

B. 是否出现开裂

C. 是否出现鼓包

D. 固定是否良好

9. 在检查驻车制动器（手刹）高度时，以下描述正确的是（　　）。

A. 直接拉动手刹，直到拉不动为止，观察其位置的高低

B. 用 400N・m 的力量拉动手刹

C. 在规定扭矩下，能听到 6、7 个齿的响声为正常

D. 如果高度不合适，调整手刹间隙

10. 以下对于制动片、制动盘的磨合描述正确的是（　　）。

A. 更换新的制动片后需要执行磨合程序

B. 更换新的制动盘后需要执行磨合程序

C. 磨合时将车辆速度提升到 48km/h 时，踩下制动踏板，直到车辆停下来

D. 至少经过 20 个循环才算结束（车辆加速到 48km/h 然后踩下制动踏板停下来）

11. 在检查机械转向系统时，需要检查的项目有（　　）。

A. 转向盘上下调节功能

B. 转向盘自由间隙

C. 拉杆球头间隙

D. 转向器固定螺栓

12. 以下对于检查转向盘自由间隙描述正确的是（　　）。

A. 在发动机怠速的状态下进行检查

B. 用手上下晃动转向盘

C. 转向盘正常的情况下没有任何间隙

D. 用手轻轻晃动，感觉到阻力为止

13. 以下对于检查转向器拉杆球头松动的方法描述正确的是（　　）。

A. 需将车辆举升起来，让轮胎离地

B. 上下晃动轮胎，如果有间隙，说明拉杆球头有异常

C. 晃动时有间隙，说明外拉杆球头有间隙，需更换

D. 为了准确判断是内拉杆球头还是外拉杆球头松动，需要两人配合检查

14．以下对于更换转向器外拉杆球头的操作描述正确的是（　　）。

A．将拉杆球头从转向节臂上分离时，使用锤子左右敲击转向节臂连接处即可

B．分离外拉杆球头与内拉杆球头时需做标记

C．更换外拉杆球头后需检查调整前束

D．外拉杆球头只能成对更换，不能单独更换一侧

15．以下对于前悬挂的检查，描述正确的是（　　）。

A．检查前悬挂各个连接螺栓有无松动

B．检查减震器有无漏油或变形

C．检查下控制臂有无松动或胶套开裂

D．检查稳定杆连杆球头有无松动

16．对于拆卸轮胎的技术要求，以下正确的是（　　）。

A．拆卸轮胎前，需在轮圈与轮毂之间做标记

B．轮胎装配时，可以随意将轮胎装配到轮毂上

C．紧固轮胎时，需按照交叉对角的顺序进行紧固

D．必须按照规定扭矩对轮胎进行紧固

17．在检查轮胎外观时，以下哪些项目需要检查的项目有（　　）。

A．检查轮胎胎面是否磨损异常

B．检查轮胎是否有鼓包

C．检查轮胎生产日期

D．检查轮胎上是否有异物

18．以下对于轮胎漏气的维修描述正确的是（　　）。

A．如果轮胎的漏洞大于 6.35mm，则不能进行修补

B．修补轮胎时，需将轮胎从钢圈上拆卸下来

C．为了提高工作效率，使用高速工具打磨磨损面

D．修补完的轮胎直接装上即可，无须做动平衡

19．在更换轮胎时，以下描述正确的是（　　）。

A．更换轮胎前对轮胎进行放气

B．拆卸轮胎上所有的动平衡配置

C．拆卸或安装轮胎时，应该在轮胎与钢圈的接触面涂抹润滑脂

D．轮胎上的红色标记应该与气门嘴对齐

20．在执行轮胎动平衡的操作时，以下描述正确的是（　　）。

A．将轮胎气压调整到规定值

B．清洁轮胎上的泥或异物

C．去除原平衡的配重

D．动平衡的量必须为 0 才符合标准

二、问答题

1．检查车轮轴承的松动和转向器拉杆球头的松动方法有何不同？

电气系统的检查与保养

课程目标	顺利完成本章节内容后，可以达到以下目标：
	◆ 能够正确执行充电启动系统的保养与维护； ◆ 能够正确执行喇叭、灯光系统的检查与维护； ◆ 能够正确执行雨刷系统的检查与维护； ◆ 能够正确执行仪表、多媒体功能的检查； ◆ 能够正确执行中控、遥控、防盗功能的检查与维护； ◆ 能够正确执行电动后视镜、天窗功能的检查； ◆ 能够正确执行安全带检查； ◆ 能够正确执行空调系统的检查与维护； ◆ 能够正确执行点烟器、点火开关、倒车雷达的检查。

4.1 蓄电池的检查

目前车辆使用的蓄电池大多为免维护的蓄电池。本课程针对免维护蓄电池进行讲述。

<table>
<tr><th>图片示例</th><th>解析说明</th></tr>
<tr><td colspan="2">外观检查</td></tr>
<tr><td>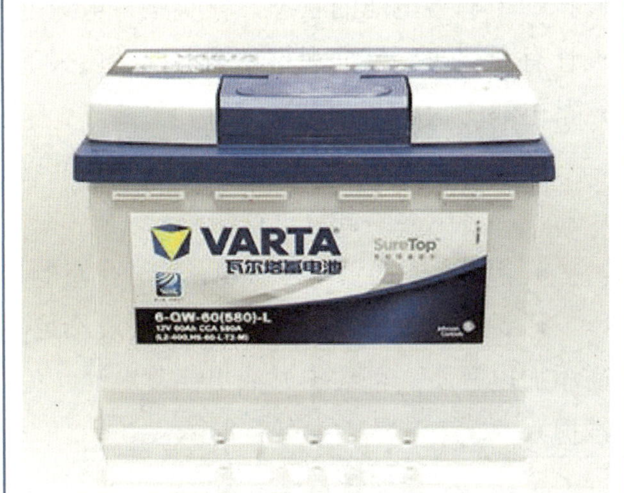</td><td>检查蓄电池是否出现鼓包、漏液、壳体变形等情况。如果有任何明显的损坏，则更换蓄电池。
检查蓄电池的固定是否松动。如有松动，进行相应的紧固维修。</td></tr>
<tr><td>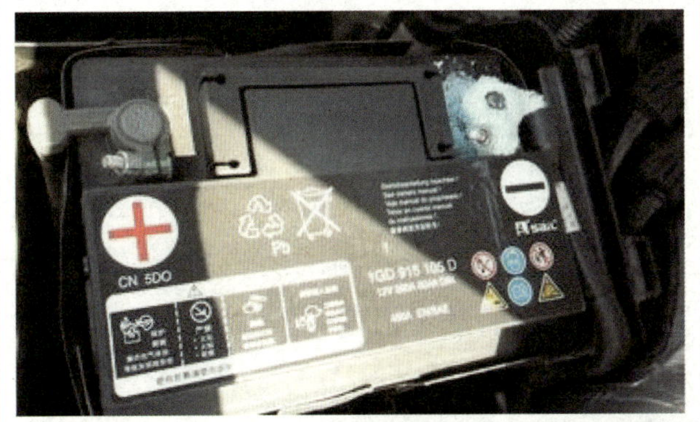</td><td>检查蓄电池桩头腐蚀等情况。</td></tr>
<tr><td></td><td>如果蓄电池（电瓶）桩头有腐蚀，使用细砂纸打磨清洁后，紧固蓄电池电缆，用润滑脂涂抹表面或用专用的蓄电池桩头保护剂进行保养，防止再次被氧化。</td></tr>
</table>

图片示例	解析说明
	观察蓄电池观察窗。为了方便用户或维修技师了解蓄电池的状态，在有些蓄电池上设计有观察窗，依据观察窗的不同颜色来确定蓄电池的状态。 ● 绿色，表明基本良好，若要测量准确还需使用蓄电池测试仪进行测量。 ● 黑色，表明蓄电池亏电，需进行充电。 ● 透明或黄色，表明蓄电池电解质不足，需添加电解质（可维护）或更换蓄电池（免维护）。
性能测试	
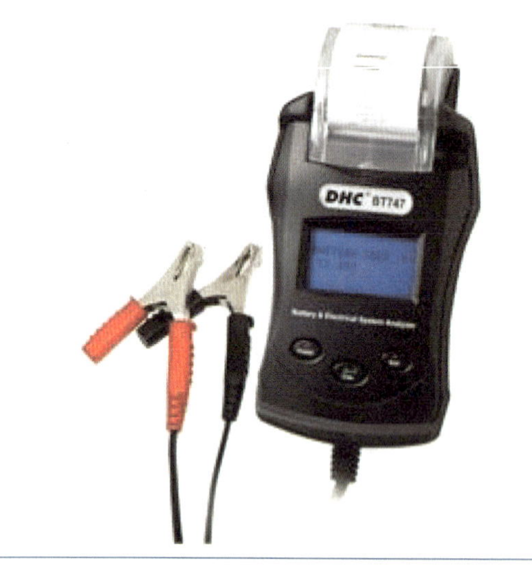	使用专用的蓄电池检测仪对蓄电池性能进行测试。需要按照测试仪的要求，选择充电状态、冷启动电流等，测试仪会显示测试的结果。
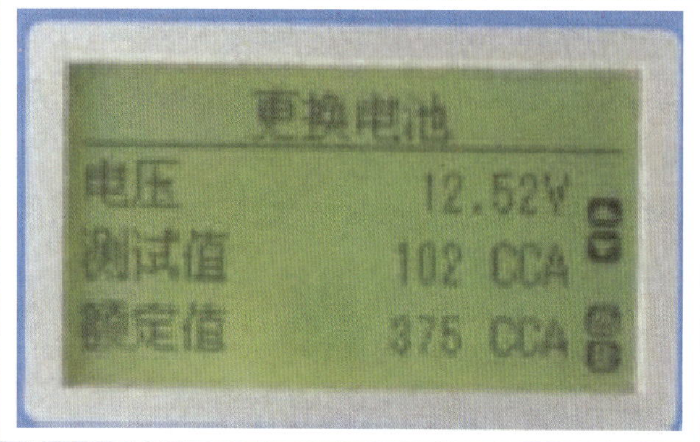	测试仪的测试结果大多以文字信息指示：蓄电池良好、蓄电池良好需充电、更换电池、断格。

4.2 喇叭检查

图片示例	解析说明
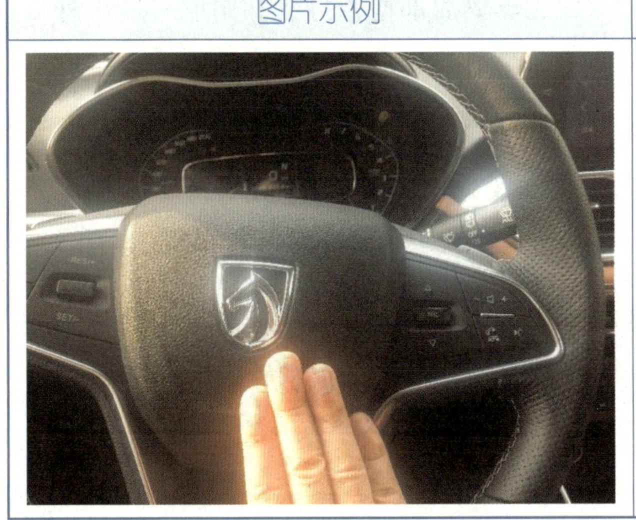	按压转向盘上的喇叭开关，正常的喇叭高低音都工作，且声音洪亮无嘶哑。

4.3 灯光检查

4.3.1 外部灯光检查

在检查灯光系统时，需要两人配合完成。一位技师在车外用手势指示车内技师操作对应的功能，车外技师对车辆功能进行检查确认。技师手势动作应该标准、有力，并且按照一定顺序进行。

图片示例	解析说明
	在车辆前部检查灯光和雨刷时，车外技师站在车辆的正前方。

图片示例	解析说明
	在车辆后部检查灯光和雨刷时，车外技师站在车辆的正后方，车内技师通过车内后视镜观察技师的手势。

车辆前部灯光按照如下顺序进行检查：前位灯、近光灯、远光灯、前雾灯、左前转向灯、右前转向灯、危险警告灯。正常情况下前位灯、近光灯、远光灯、前雾灯、左前转向灯、右前转向灯、危险警告灯都可以工作。

图片示例	解析说明
	检查前位灯。 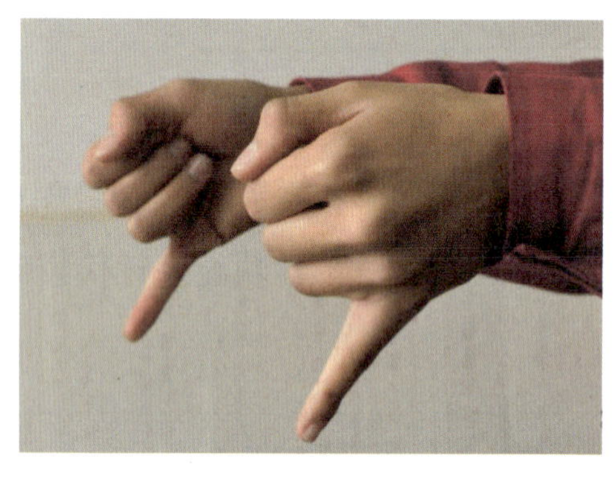
	检查近光灯。 

图片示例	解析说明
	检查远光灯。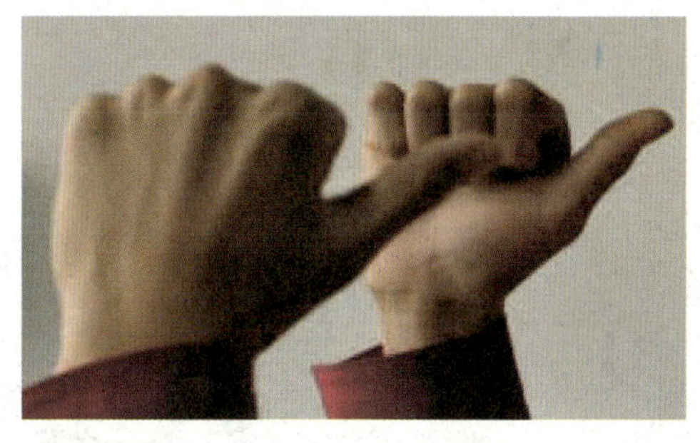
	检查前雾灯。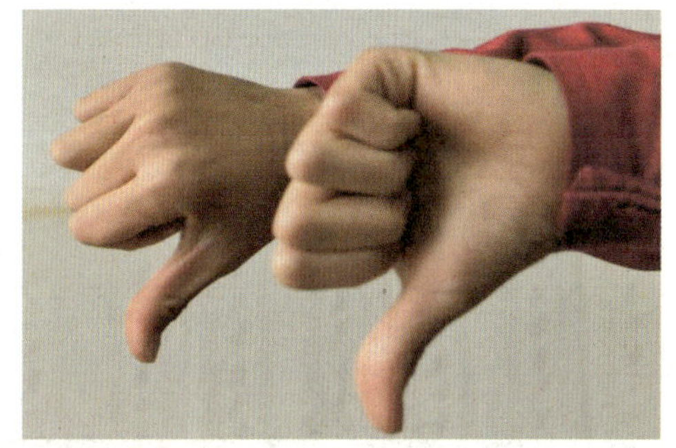
	检查左前转向灯。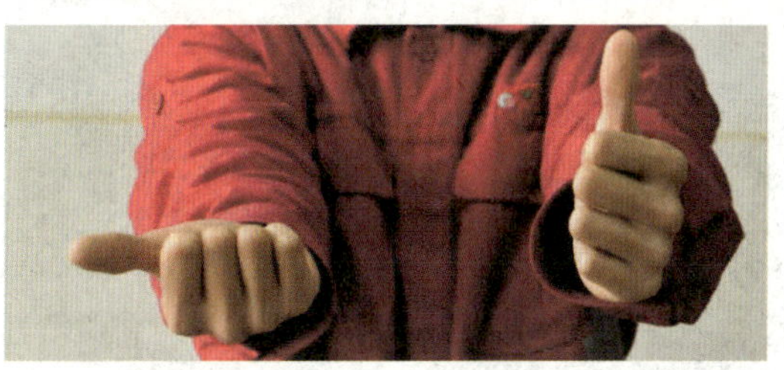
	检查右前转向灯。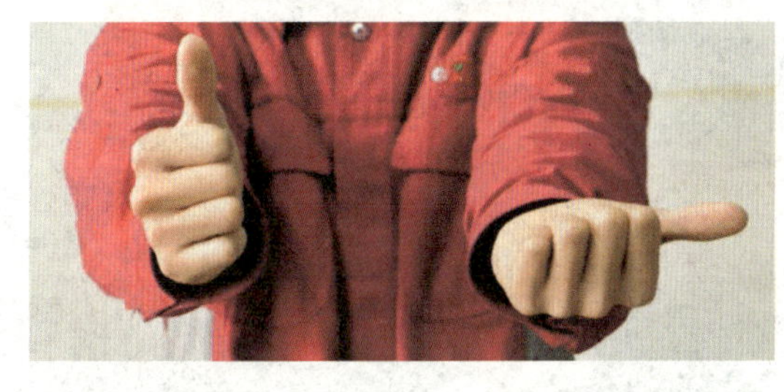

图片示例	解析说明
	检查危险警告灯。

车辆后部灯光按照如下顺序进行检查：后位灯、牌照灯、制动灯、倒车灯、后雾灯、左后转向灯、右后转向灯、危险警告灯。正常情况下后位灯、牌照灯、制动灯、倒车灯、后雾灯、左后转向灯、右后转向灯、危险警告灯都可以工作。

图片示例	解析说明
	检查后位灯、牌照灯。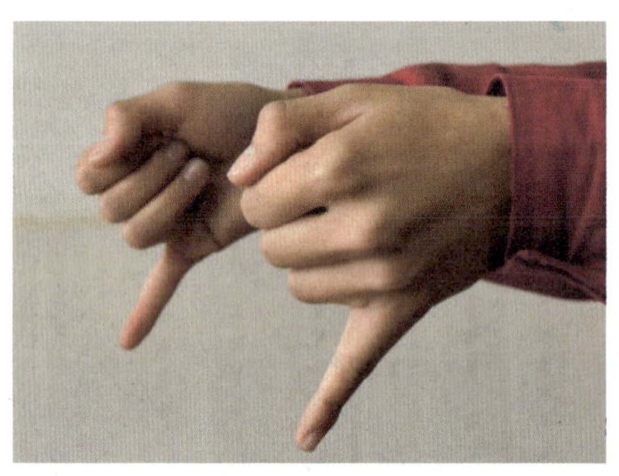
	检查制动灯。

图片示例	解析说明
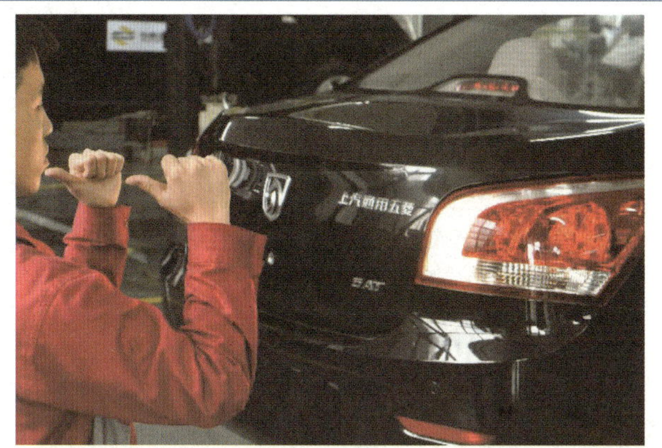	检查倒车灯。 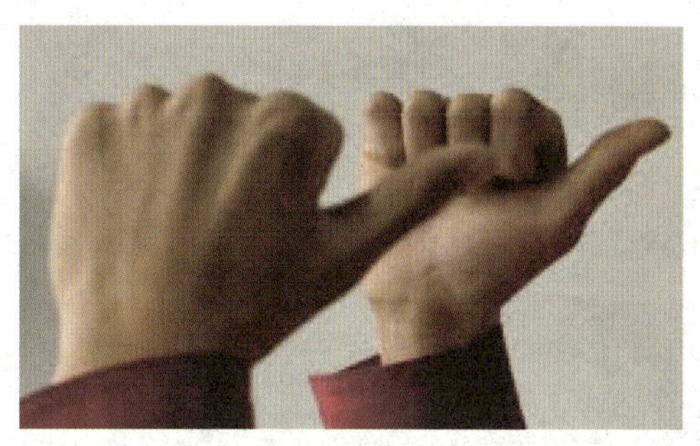
	检查后雾灯。 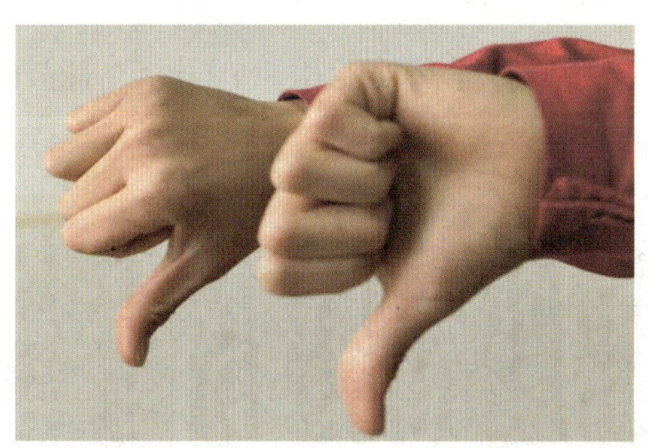
	检查左后转向灯。 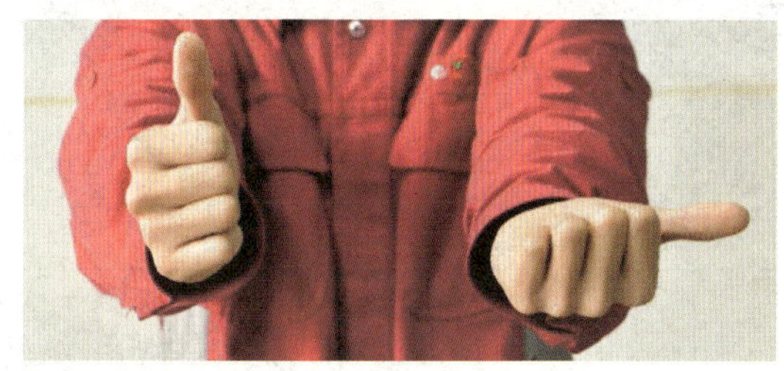
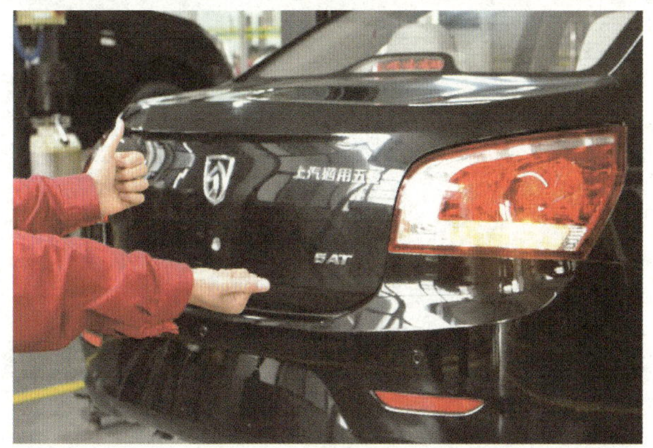	检查右后转向灯。 

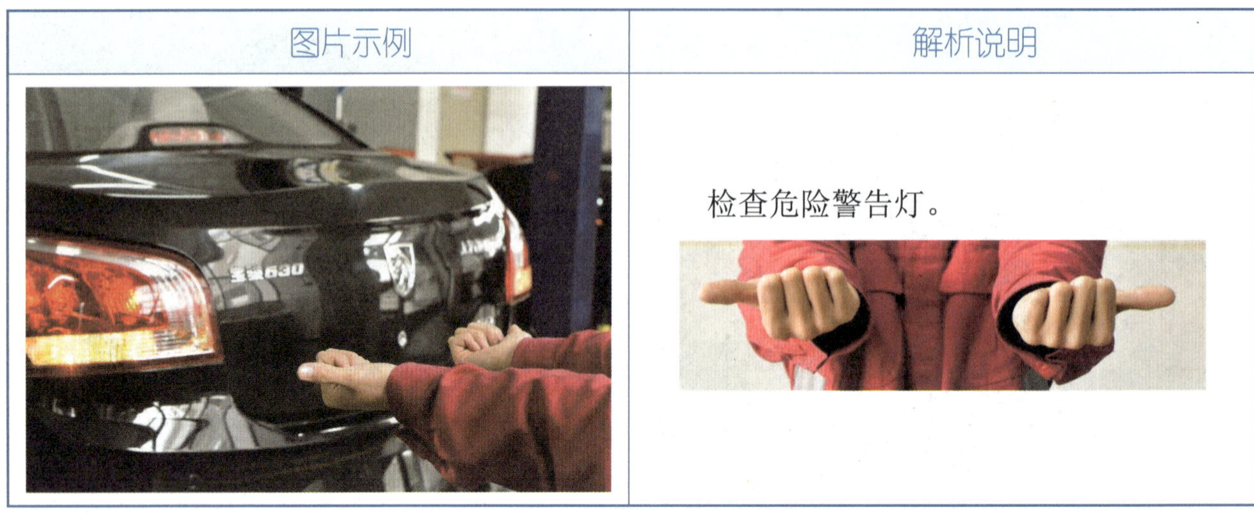

图片示例	解析说明
	检查危险警告灯。

4.3.2　内部灯光检查

车辆内部灯光功能检查：正常情况下顶灯、后备箱灯都可以工作。

图片示例	解析说明
	检查顶灯。
	检查后备箱灯。

4.4 雨刷与清洗系统的检查与维护

4.4.1 雨刷功能检查

在检查雨刷与清洗系统时，同样需要两人配合完成。一位技师在车外用手势指示车内技师操作对应的功能，车外技师对车辆功能进行检查确认。技师手势动作应该标准、有力，并且按照一定顺序进行。

图片示例	解析说明
前窗雨刷	
	车外技师站在车前指示车内技师开启前窗雨刷。 在近光灯开启的状态下，双手同时出示食指与中指，指向上方。
	车内技师得到指令后，将点火开关置 ON 挡，再向上推动雨刷操纵杆。 雨刷有以下 4 个工作位置： ● HI：以高速连续刮水。 ● LO：以低速连续刮水。 ● INT：间歇操作。 ● OFF：系统关闭。 根据车型不同，有的车辆配备的雨刮间歇操作模式可以调节间歇式刮水速度。通过上下转动操纵杆上的箍圈，选择合适的刮水速度。

当雨刷臂在前窗玻璃高位运行时，将前窗雨刷开关置 OFF 挡，雨刷臂能自动运行到最低位置，之后不再工作。

4.4.2　雨刷片的检查与更换

执行雨刷功能的操作，正常雨刷片运行平稳，没有异常噪声，玻璃表面干净均匀。如果异常，关闭雨刷开关，将点火开关置 OFF 挡，折叠雨刷臂，观察雨刷片胶条表面是否存在老化、破损等现象，如有应该进行更换。目前常见的雨刷分为有骨雨刷和无骨雨刷两种。

图片示例	解析说明
有骨雨刷的雨刷片更换	
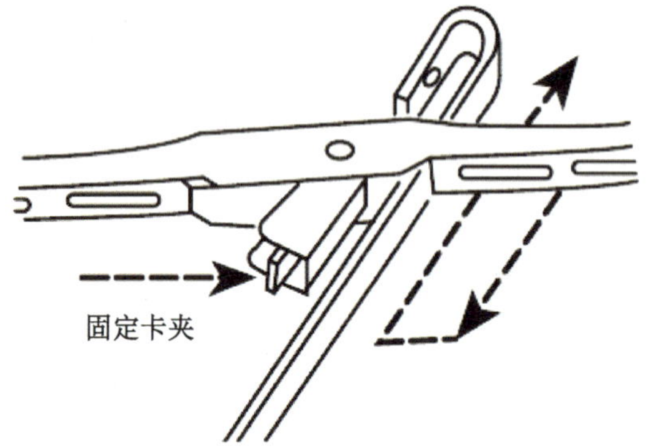 固定卡夹	1. 关闭雨刷开关，将点火开关置 OFF 挡。 2. 按住雨刷片固定卡夹。 3. 从雨刷臂上拔出雨刷片。 4. 将新雨刷片安装至雨刷臂上。 5. 执行雨刷工作，检查雨刷运行是否正常，刮得是否干净。
无骨雨刷的雨刷片更换	
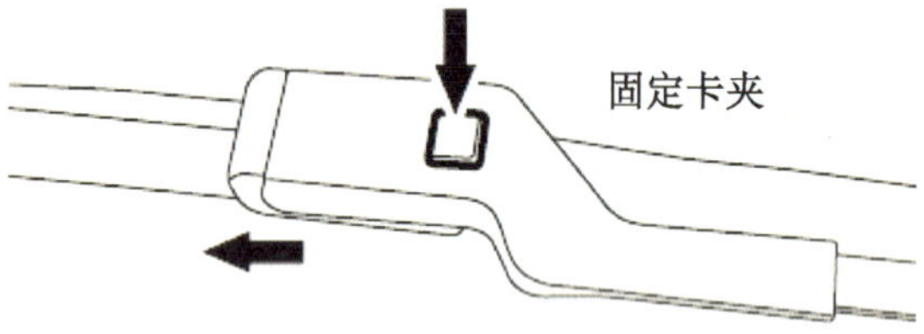 固定卡夹	1. 关闭雨刷开关，将点火开关置 OFF 挡。 2. 按下雨刷片固定卡夹。 3. 从雨刷臂上拔出雨刷片。 4. 将新雨刷片安装至雨刷臂上。 5. 执行雨刷工作，检查雨刷运行是否正常，刮得是否干净。

4.4.3　雨刷清洗液液位检查

图片示例	解析说明
	检查或补充雨刷清洗液。

4.4.4 雨刷清洗液冰点检查

图片示例	解析说明
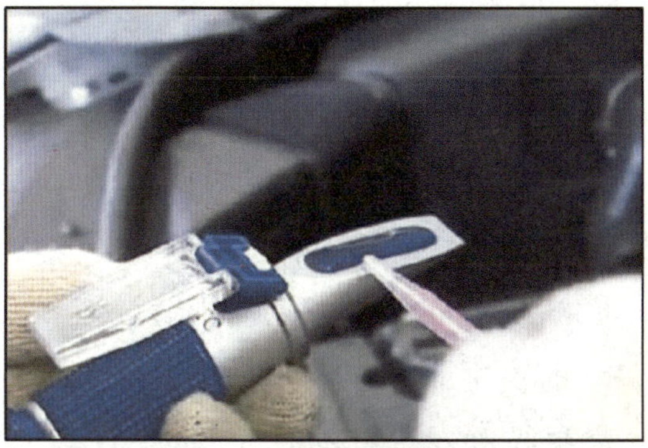	使用冰点检测仪，将清洗液滴在检测仪上。
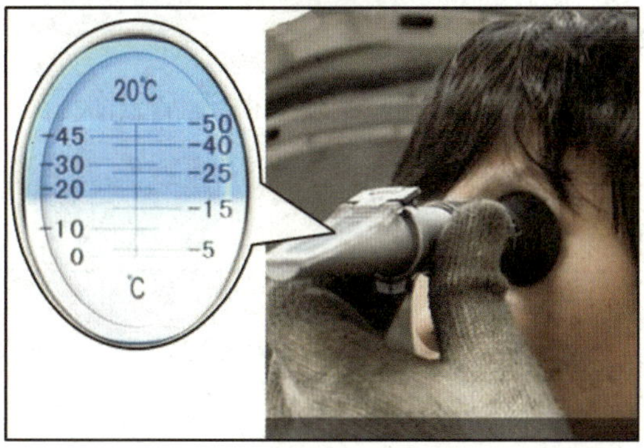	通过观察孔，检测清洗液冰点是否在标准范围内。

4.4.5 喷水功能检查

图片示例	解析说明
前窗玻璃喷水	
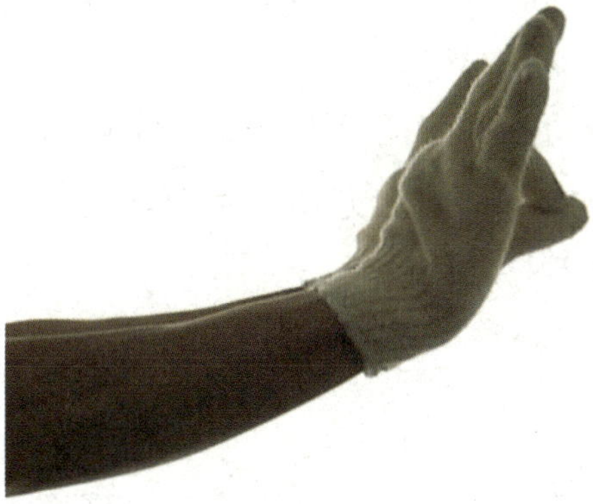	车外技师站在车前，指示车内技师开启前窗玻璃喷水。 拇指与食指收回，出示其他三指并指向上方。

图片示例	解析说明
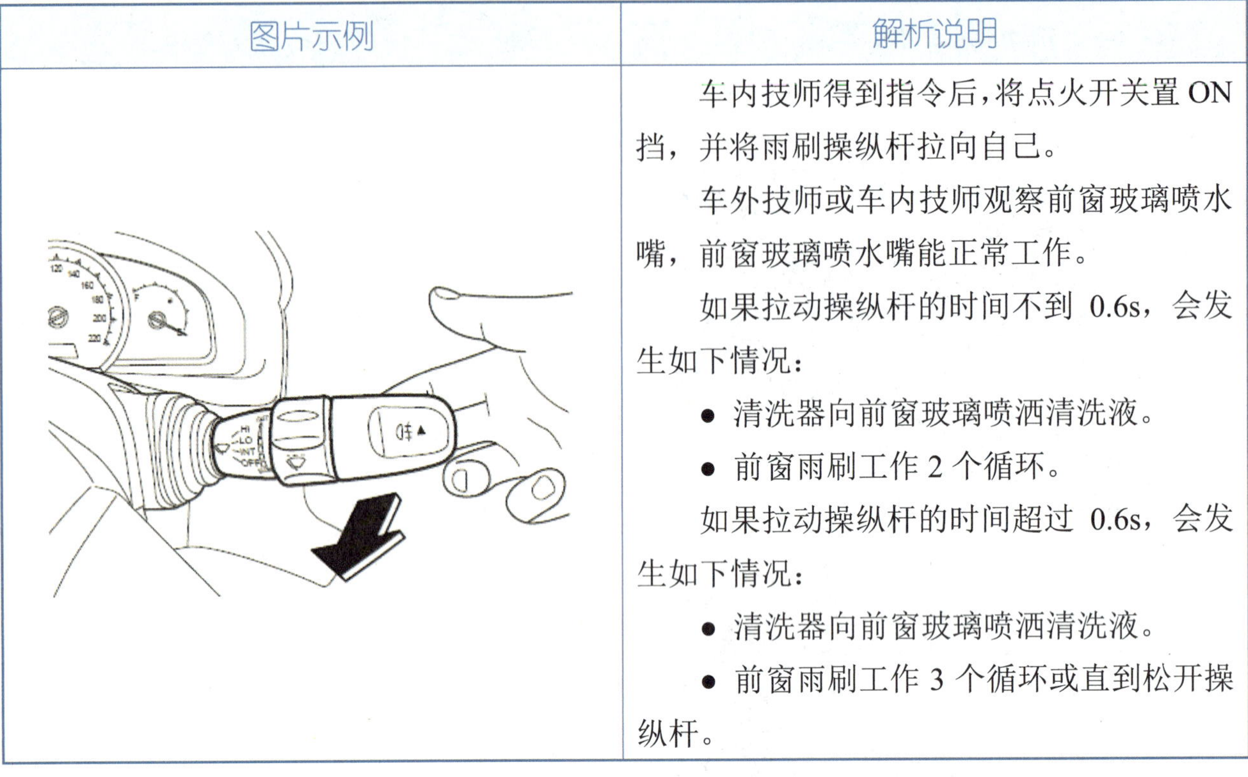	车内技师得到指令后，将点火开关置 ON 挡，并将雨刷操纵杆拉向自己。 车外技师或车内技师观察前窗玻璃喷水嘴，前窗玻璃喷水嘴能正常工作。 如果拉动操纵杆的时间不到 0.6s，会发生如下情况： ● 清洗器向前窗玻璃喷洒清洗液。 ● 前窗雨刷工作 2 个循环。 如果拉动操纵杆的时间超过 0.6s，会发生如下情况： ● 清洗器向前窗玻璃喷洒清洗液。 ● 前窗雨刷工作 3 个循环或直到松开操纵杆。

注意：不要使清洗器连续操作 10s 以上，或在清洗液罐空置时操作。否则会导致清洗器马达过热，从而导致喷水电机损坏。

图片示例	解析说明
后窗雨刷与后窗玻璃喷水	
	车外技师站在车后指示车内技师开启后雨刷。 在制动灯开启的状态下，双手同时出示食指与中指，指向上方，其手势与前窗雨刷功能检查手势相同。

图片示例	解析说明
	车外技师站在车后指示车内技师开启后窗玻璃喷水。 拇指与食指收回，出示其他三指并指向上方，其手势与前窗玻璃喷水功能检查手势相同。
	车内技师得到指令后，将点火开关置 ON 挡，再向下推动雨刷操纵杆。 车外技师或车内技师观察后窗雨刷臂及喷水嘴时，能看到正常工作。 向下推一下雨刷操纵杆，后窗雨刷会执行刮水操作但不喷洒清洗液；向下推两下雨刷操纵杆，清洗器将向后窗玻璃喷洒清洗液，并执行刮水操作。 当雨刷臂在后窗玻璃高位运行时，将后窗雨刷开关置 OFF 挡，雨刷臂能自动运行到最低位置之后不再工作。

4.4.6 喷水位置及状态检查与调整

当前窗雨刷开关关闭时，前窗雨刷臂应该能停留在前窗玻璃的下边缘处，如果停留在较高的位置，会影响驾驶员或乘客的视线，需调节雨刷臂高度。

图片示例	解析说明
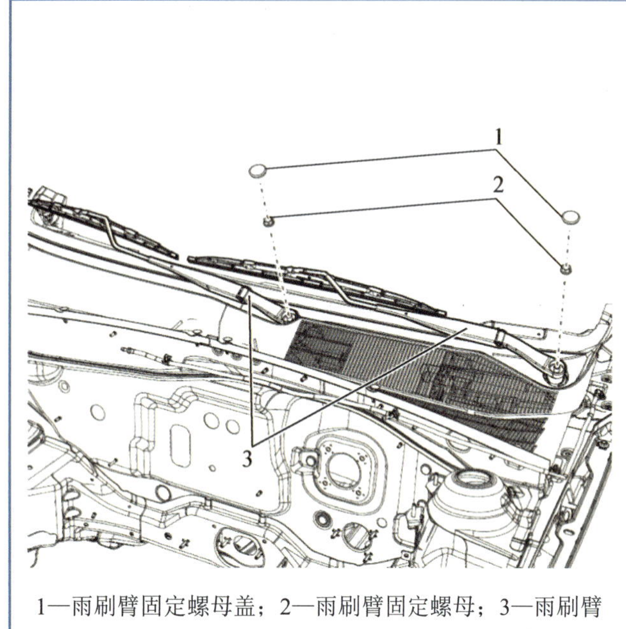 1—雨刷臂固定螺母盖；2—雨刷臂固定螺母；3—雨刷臂	1. 关闭雨刷开关，将点火开关置 OFF 挡。 2. 用小一字螺丝刀拆卸雨刷臂固定螺母盖 1。 3. 拆卸雨刷臂固定螺母 2。 4. 轻轻晃动雨刷臂 3，让雨刷臂与连杆轴分离。 5. 调整好雨刷臂高度后，将雨刷臂安装到连杆轴上，并紧固雨刷臂螺母 2 到扭矩 35N • m。 6. 安装雨刷臂固定螺母盖 1。 7. 执行雨刷动作，并关闭雨刷，检查雨刷臂高度是否合适，不合适按上述程序重新调整。

4.5 仪表与多媒体的检查

4.5.1 仪表信息的检查

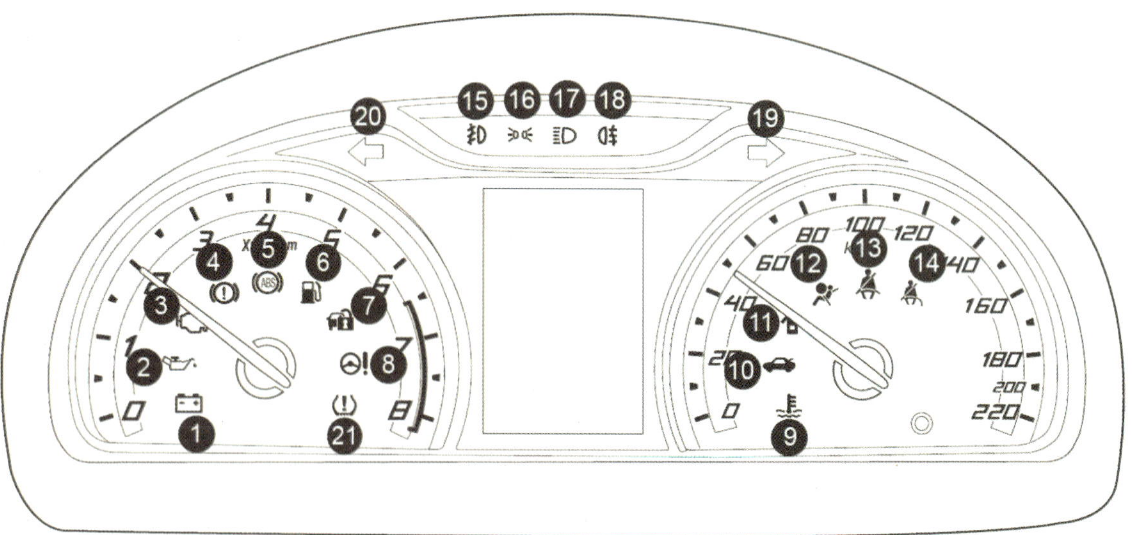

1	充电系统指示灯	11	车门状态指示灯
2	机油指示灯	12	安全气囊指示灯
3	发动机故障指示灯	13	主驾安全带指示灯
4	制动系统故障指示灯	14	副驾安全带指示灯
5	防抱死制动系统（ABS）故障指示灯	15	前雾灯指示灯
6	燃油指示灯	16	示宽指示灯
7	发动机防盗指示灯	17	远光指示灯
8	电动助力转向系统（EPS）故障指示灯	18	后雾灯指示灯
9	水温指示灯	19/20	转向指示灯
10	举升门状态指示灯	21	轮胎压力监测系统（TPMS）故障指示灯

在将点火开关置 ON 挡时，仪表多数指示灯会点亮，将车辆启动后，仪表上大多数红色和黄色指示灯应该熄灭。指示灯颜色的不同，可以大体区分其危害程度，红色指示灯点亮，说明可能导致车辆严重的损坏，或可能导致乘客的损伤。黄色指示灯点亮，可能意味着某些功能异常，但不会产生车辆严重损坏或人身损害。车辆的红色指示灯通常有制动系统故障指示灯、充电系统指示灯、水温指示灯、发动机防盗指示灯等；车辆的黄色指示灯通常有发动机故障指示灯、ABS 故障指示灯、EPS 故障指示灯等。

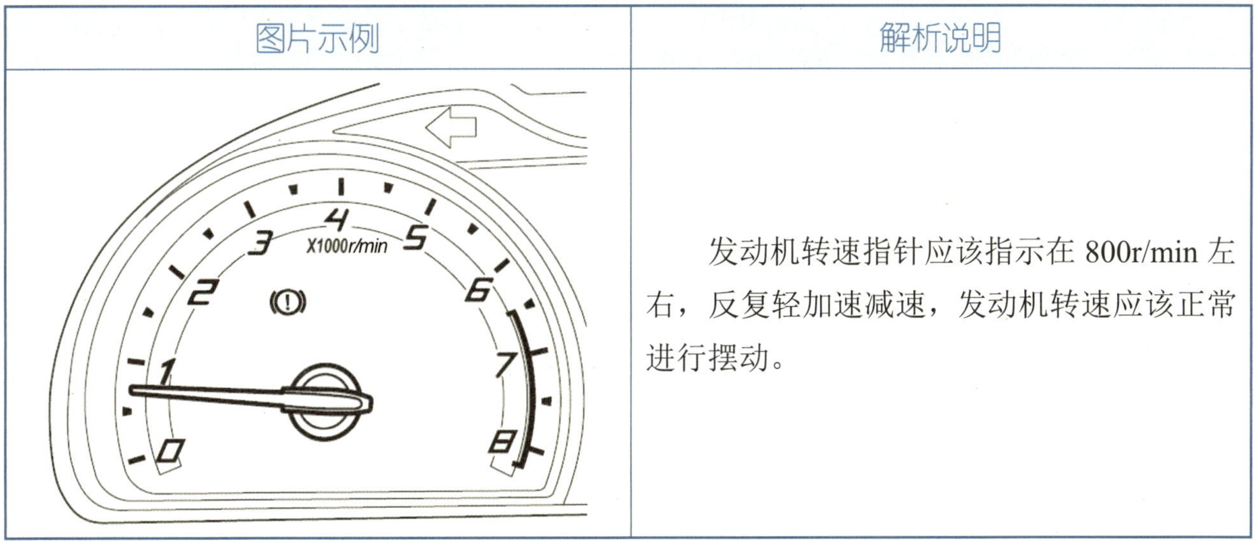

图片示例	解析说明
（见上图）	发动机转速指针应该指示在 800r/min 左右，反复轻加速减速，发动机转速应该正常进行摆动。

4.5.2 多媒体功能的检查

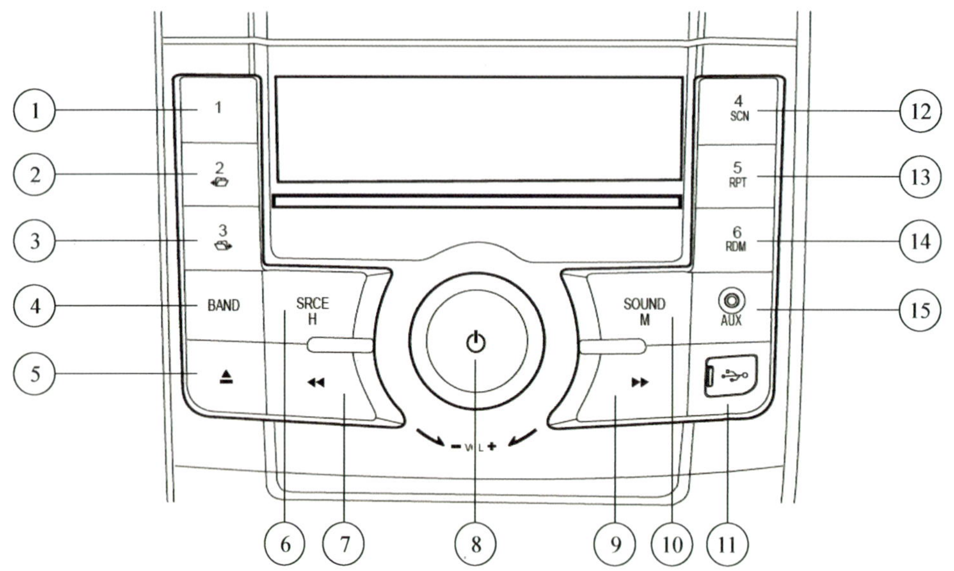

1	预置键 1	9	（SEEK+）：（短按）向下搜索/选择下一个曲目/（长按）曲目快进
2	2/FLD−：预置键 2/选择上一个文件夹	10	SOUND：（音效调整 M）如按键上有该标识，长按将调整时钟显示分钟
3	3/FLD+：预置键 3/选择下一个文件夹	11	USB 接口
4	BAND：（短按）选择收音波段 FM1，FM2，AM/（长按）自动存台	12	4/SCN：预置键 4/浏览播放曲目
5	退碟键	13	5/RPT：预置键 5/重复播放曲目
6	SRCE：选择工作模式 TUNER，CD，USB，AUX H：如按键上有该标识，长按将调整时钟显示小时数	14	6/RDM：预置键 6/随机播放曲目
7	（SEEK−）：（短按）向上搜索/选择上一个曲目/（长按）曲目快退	15	AUX IN 插孔
8	POWER/VOL：开/关机，音量调整		

音响开关机功能检查。在点火开关 ACC 或 ON 挡状态下，按压音响开关键，应该能够正常关闭或打开音响。

检查音响音量调整功能。在音响开机的状态下，旋转音量调节旋钮，音量能够均匀地增大或减小。

检查扬声器工作是否正常。将音响音量调整到中间位置，仔细聆听每门扬声器是否发声，声音是否有劈裂声或电流干扰声。如果发现异常应该进一步检查与维修。

检查音响能否收听到广播电台。按下自动搜寻按键，应能搜寻到电台，并自动停下。如果反复搜索不能停止，说明收音机功能异常，需进一步检查与维修。

检查外置 USB 音源功能。将已经存有文件的 USB 设备插到音响 USB 外置接口上，正常应能播放 USB 内的文件。

检查 CD 功能是否正常。首先退出音响内的 CD 光盘，将专门用于检查音响的 CD 光盘放入音响内，音响应能正常播放。退出、进入 CD 光盘时应该灵活自如，无卡滞现象。

4.6 电动系统的检查

4.6.1 中控功能检查

图片示例	解析说明
	如左图所示，检查中控锁工作指示灯是否正常工作。 打开中控开关，检查四门门锁是否正常工作。

4.6.2 遥控功能检查

图片示例	解析说明
	● 确认钥匙数量。 ● 钥匙外观无破损变形。 ● 将钥匙编码记录在 PDI 检查表中。 ● 用钥匙/遥控器能正常开关门锁。 ● 确认寻车键功能正常。 ● 确认按压后备箱按键，后备箱能打开。 ● 车门关闭的状态下按压锁车或开启键，转向灯会闪烁。 ● 按压尾门开启键 2s，尾门锁开启，可打开尾门。

4.6.3 车窗功能检查

图片示例	解析说明
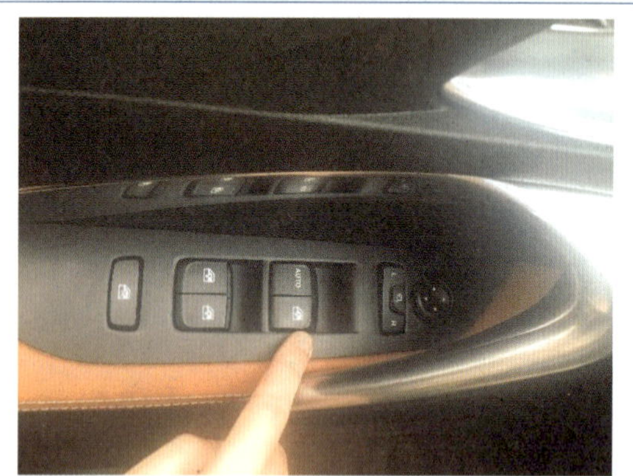	如左图所示，检查左前门玻璃升降器开关能否锁止或打开四个车窗，且同时有操控升降功能。
	如左图所示，天窗开关功能应正常，天窗能够正常调节无卡滞现象。

4.6.4 车内后视镜功能检查

图片示例	解析说明
	如左图所示，车内后视镜应清晰，防眩目功能应正常。

4.6.5　车外后视镜功能检查

图片示例	解析说明
	将点火开关置 ON 挡，按下车外后视镜调节开关，开关能够正常调节左右两个车外后视镜的四个方向。

4.7　安全带功能检查

图片示例	解析说明
	检查安全带功能，安全带表面应完整无裂口等缺陷，用手迅速拉拽能立即停止，放手后能自动收回，且能顺畅扣上和解锁。

4.8　空调系统的检查与保养

4.8.1　制冷功能检查

图片示例	解析说明
	1．确认环境温度、湿度。 2．将一个温度计放置在驾驶员侧中心出风口中。

图片示例	解析说明
	3．启动发动机并在预热后使其转速在2000r/min的恒定速度上。 4．将鼓风机转速设置为最高挡。 5．打开A/C（空调）开关。 6．设置内循环模式。 7．将温度控制器设置为最冷模式。 8．设置为吹面模式。 9．关闭所有门窗。 10. 等待直至空调输出温度趋于稳定（稳定情况：空调压缩机以相同的时间间隔重复开启和关闭）。 11．鼓风机运行稳定后，读取温度计的读数。

4.8.2 制热功能检查

图片示例	解析说明
	1．确认环境温度、湿度。 2. 将一个温度计放置在驾驶员侧中心出风口中。 3．启动发动机并预热。 4．将鼓风机转速设置为最高挡。 5．设置内循环模式。 6．将温度控制器设置为最热模式。 7．设置为吹面模式。 8．鼓风机运行稳定后，读取温度计的读数。

4.8.3 风向调节功能检查

图片示例	解析说明
	1．启动发动机。 2．将鼓风机转速设置为最高挡。 3．旋至吹面模式，此时面部出风口出风量最大，其他出风口应没有出风量。 4．旋至吹脚模式，此时脚部出风口出风量最大，其他出风口应没有出风量。 5．旋至除霜模式，此时仪表台前部出风口出风量最大，其他出风口应没有出风量。 6．旋至吹面和吹脚模式，此时面部和脚部出风口出风量最大，其他出风口应没有出风量。 7．旋至吹脚和除霜模式，此时脚部和仪表台前部出风口出风量最大，其他出风口应没有出风量。

4.8.4 鼓风机转速调节功能检查

图片示例	解析说明
	1．启动发动机。 2．旋转鼓风机开关到 1 挡时，转速最慢。 3．旋转鼓风机开关到 2 挡时，鼓风机转速略高。 4．旋转鼓风机开关到 3 挡时，鼓风机转速更高。 5．旋转鼓风机开关到 4 挡时，鼓风机转速最高。

4.8.5 更换空调滤清器

图片示例	解析说明
	检查并清洁空调滤清器，或依据保养周期进行更换。用高压气体对空调滤清器进行清洁。

4.9 其他系统的检查

4.9.1 点烟器功能检查

图片示例	解析说明
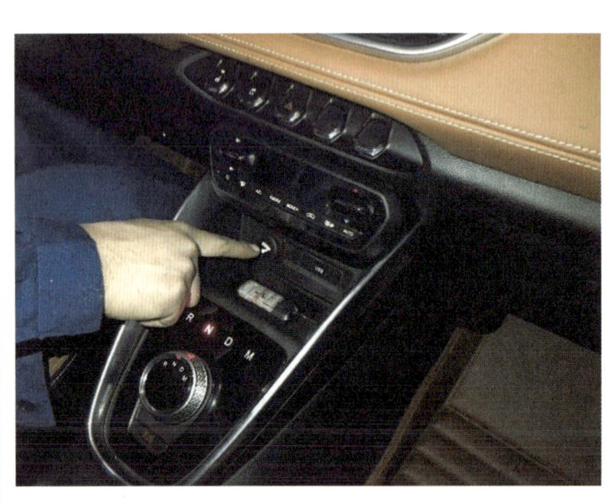	如左图所示，启动车辆以后，按压点烟器加热芯，经加热后，如果温度过高，点烟器应能向外弹出一定距离，但仍保持在点烟器孔中。 使用车载充电器测试电源孔是否正常供电。

4.9.2 点火开关挡位检查

图片示例	解析说明
	如左图所示，检查点火开关是否卡滞，各挡位工作是否正常。

4.9.3 倒车雷达/影像功能检查

图片示例	解析说明
	如左图所示，检查倒车雷达/影像功能工作是否正常。

4.10 诊断仪的检查

图片示例	解析说明
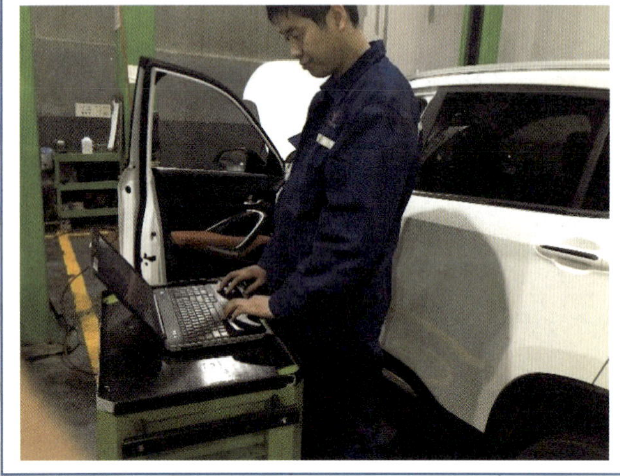	读取车辆全车故障码。 使用诊断仪读取发动机关键数据流： ● 蓄电池电压—怠速 12～14V。 ● 点火正时—怠速 2°～10°。 ● 喷油脉宽—怠速 3～6ms。 ● 歧管压力—怠速 30～50kPa。 ● 氧传感器—前氧（100～900）mV 快速变化。

4.11 课后练习

一、不定项选择题

1．在检查蓄电池外观时，以下描述正确的是（　　）。

A．检查是否存在电解液泄漏

B．检查是否存在壳体变形

C．检查是否存在漏电现象

D．检查固定情况

2．对于带有观察孔的蓄电池，以下描述正确的是（　　）。

A．观察孔内不同的颜色，表明蓄电池不同的状态

B．当观察孔内为绿色时，表明电池良好

C．当观察孔内为黑色时，表明蓄电池内部出现故障，必须更换

D．当观察孔内为透明或黄色时，表明蓄电池电量不足，需充电

3．在检查发电机发电量时，以下描述正确的是（　　）。

A．使用万用表的电压挡进行检查

B．测量蓄电池正负极两端

C. 在怠速尽可能地关闭用电设备的前提下，其电压为 13.8～14.4V

D. 在怠速大负荷用电设备工作时，其电压为 13.8～14.4V

4. 以下对于宝骏 730 前照灯高低调节功能描述正确的是（　　）。

A. 共有 4 个挡位

B. 只有打开前照灯到远光时，才可以调节

C. 前照灯的远光和近光的高低会同时进行调节

D. 调节电机在前照灯总成内

5. 以下对于开启宝骏 730 的前雾灯的必要条件是（　　）。

A. 将点火开关置 ON 挡

B. 开启前位灯

C. 开启后雾灯

D. 开启危险警告灯

6. 以下对于开启宝骏 730 的后雾灯的必要条件是（　　）。

A. 将点火开关置 ON 挡

B. 开启前位灯和前雾灯

C. 开启前照灯

D. 开启危险警告灯

7. 以下对于宝骏 730 前窗雨刷功能描述正确的是（　　）。

A. 共有 4 个挡位

B. 只有将点火开关置 ON 挡时，才工作

C. 在雨刷臂运行到高位时，将开关置 OFF 挡，雨刷臂停止工作

D. 在雨刷臂运行到高位时，将点火开关置 OFF 挡，雨刷臂停止工作

8. 在检查前窗玻璃喷水功能时，以下描述正确的是（　　）。

A. 只有将点火开关置 ON 挡，才能执行喷水功能

B. 如果单纯进行喷水操作，雨刷臂不会动作

C. 检查喷水时，不能连续喷水超过 10s

D. 执行前窗玻璃喷水时，需向下压雨刷操作杆

9. 以下对于宝骏 730 门锁功能描述正确的是（　　）。

A．通过左前门机械开关，实现 4 门解锁和上锁功能

B．中控按钮位于仪表台中央

C．通过左前门拉手处的中控按钮，可以实现 4 门同时解锁和上锁功能

D．在后门儿童锁上锁的状态下，只允许从车内打开车门，不允许从车外打开

10．以下对于宝骏 730 遥控器本身，描述正确的是（　　）。

A．遥控器内部由 1 个 1.5V 的电池供电

B．遥控器电池可以单独更换

C．遥控器上共有上锁、开锁、寻车、后备箱开启 4 个按键

D．遥控器和机械齿不能单独更换，只能更换总成

11．以下对于宝骏 730 电动车窗功能描述正确的是（　　）。

A．只有将点火开关置 ON 挡，按压车窗开关才可以工作

B．左前车窗开关具有一键下降功能

C．左前车窗开关具有一键上升功能

D．左前车窗开关儿童锁在关闭位置时，按压右前车窗开关时，车窗不会启动

12．在检查后视镜时，以下描述正确的是（　　）。

A．对每个后视镜都要检查

B．检查每个方向是否都能观察到

C．检查完毕后，恢复到原位置

D．在点火开关关闭时，后视镜才可以工作

13．检查宝骏 730 仪表时，发动机启动后仪表上显示(!)，该红色指示灯点亮，以下说法正确的是（　　）。

A．提示可能手刹没有释放

B．提示可能制动油液面过低

C．提示可能制动片磨损过度

D．正常，车速高于 3km/h 以上会自动熄灭

14．检查宝骏 730 仪表时，发动机启动后仪表上显示机油壶图标，该红色指示灯点亮，以下说法正确的是（　　）。

A．提示发动机机械系统有故障

B．提示发动机电控系统有故障

C．提示发动机机油压力过低

D．提示需要更换机油

15．在检查座椅时，以下需要检查的项目有（　　）。

A．对于前排乘客座椅，检查前后移动是否灵活并能锁定到某一位置

B．对于前排乘客座椅，检查靠背调节是否灵活并能锁定到某一位置

C．检查头枕是否能够调整并能锁定到某一位置

D．对于电动座椅，点火开关关闭，也能进行动作

16．在检查天窗时，以下描述正确的是（　　）。

A．点火开关置ACC或ON挡时，都可以操作天窗动作

B．天窗有上翘功能

C．检查天窗在运行过程中，是否有异常噪声

D．在点火开关关闭状态下，用遥控器可以关闭天窗

17．在检查手动空调的车辆时，以下描述正确的是（　　）。

A．启动发动机，按下A/C开关，打开鼓风机，检查压缩机是否吸合

B．在压缩机吸合状态下旋转冷热调节旋钮到最冷状态，检查是否有冷风吹出

C．旋转出风模式旋钮，检查对应的出风口是否出风

D．按下内外循环按钮，检查内外循环是否进行切换

18．对于自动空调，在车辆怠速状态运行下按下前窗玻璃除霜键，以下描述正确的是（　　）。

A．鼓风机挡位为4挡以上

B．压缩机会自动工作

C．内外循环自动切换为外循环

D．出风模式自动切换到吹挡风玻璃模式

19．对于空调系统泄漏检查，以下描述正确的是（　　）。

A．推荐的方法是采用氮气加压测漏

B．从空调系统的低压管路加压

C．加压的压力推荐为1500kPa

D．使用肥皂水检查是否有泄漏

20．对于空调系统加注冷媒，以下描述正确的是（　　）。

A．为了保证空调系统制冷效果足够好，冷媒可以多加点

B．抽完真空后，可以适当补充一定量的冷冻油

C．为了快速加注冷媒，采用将冷媒瓶倒置并摇晃的方法

D．在压缩机运行时，高压加注

21．在清洗空调风道时，以下描述正确的是（　　）。

A．清洗之前，需拆卸空调滤清器

B．在进气入口喷入专用的清洗剂时，每次喷入的量要求完全压下的时间要大于1min

C．在每次喷入清洗剂时，必须开启空调

D．清洗空调风道完毕后为了去除残留气味，需选择暖风最热挡，鼓风机在最高挡位运行5～8min

22．在检查空调冷凝器时，以下描述正确的是（　　）。

A．检查冷凝器外表是否有泄漏痕迹

B．检查冷凝器翼片是否变形严重

C．检查冷凝器表面是否有异物堵塞

D．如果冷凝器有异物堵塞，建议采用高压水枪进行清洗

23．对于点火开关的检查，以下描述正确的是（　　）。

A．点火开关共有4个挡位

B．要检查点火开关的转向盘锁是否正常

C．要检查点火开关的挡位是否正常

D．点火开关在非OFF挡时，正常情况下可以拔下来

24．对于点烟器的检查，以下描述正确的是（　　）。

A．在点火开关任何挡位，点烟器都会工作

B．推入点烟器后，点烟器完全加热后会自动弹出

C．点烟器未完全加热就弹出，属于不正常的情况

D．在其他条件满足的情况下，推入点烟器，若始终不能加热，则表明有故障

25．在检查宝骏 510 倒车雷达系统时，以下描述正确的是（　　）。

A．只有挂入倒挡，倒车雷达才工作

B．挂入倒挡后听到倒车雷达响一声，表明系统正常

C．挂入倒挡后听到倒车雷达响两声，表明中间雷达传感器有故障

D．如果倒车雷达连续鸣叫，表明障碍物距离探头小于 0.3m

26．在检查空调系统冷媒压力时，以下描述正确的是（　　）。

A．测量压力之前，在压力表高低压阀门打开的状态下，检查冷媒压力表指针是否归零

B．测量压力之前，将压力表高低压阀门关闭

C．测量压力之前，将压力表高低压的快速接头逆时针旋转到底

D．在发动机怠速状态下测量高压管路的压力

二、问答题

检查空调系统功能时，需要检查的项目有哪些？

清洁与润滑

课程目标	顺利完成本章节内容后，可以达到以下目标：
	◆ 能够对宝骏 630 前舱和室内进行清洁操作。

5.1 清洁

5.1.1 前舱清洁

图片示例	解析说明
清洁前舱及雨刷倒流板	
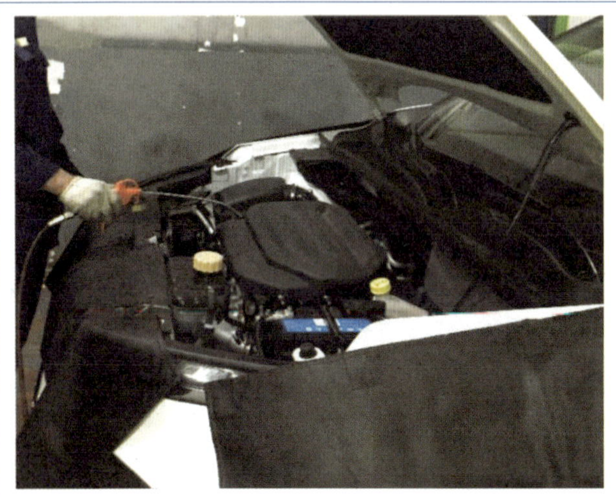	使用吹尘枪清理发动机舱内尘土，然后使用压缩空气吹干水气。 使用吹尘枪清洁雨刷导流板。

5.1.2 室内清洁

图片示例	解析说明
清洁车厢	
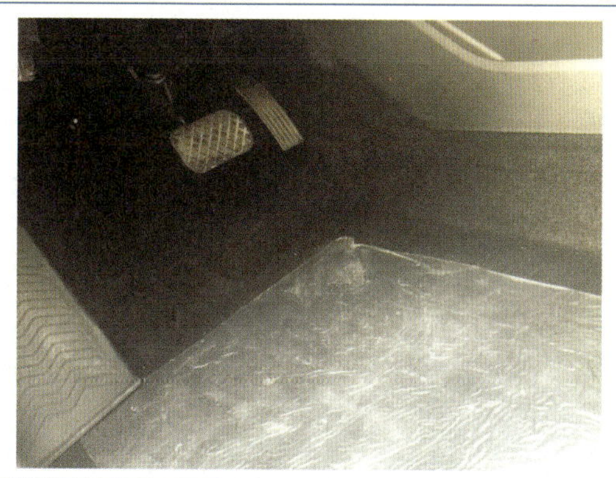	使用吸尘器清除驾驶室内地毯上的灰尘、泥土、杂物等。 使用吸尘器清除后备箱内地毯上的灰尘、泥土、杂物等。
清洁车内饰板	
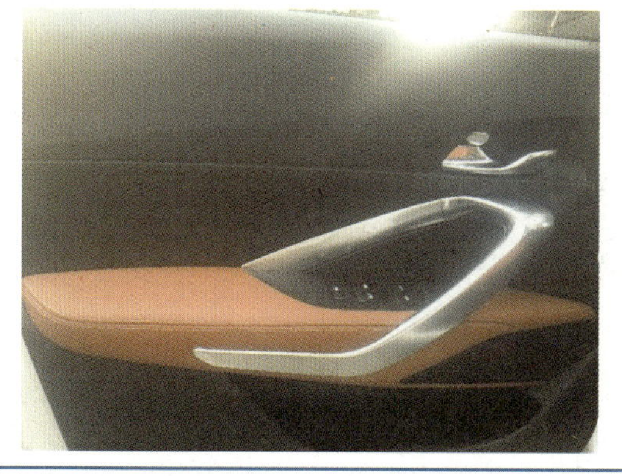	使用清洁布擦拭 4 个车门内饰板上的油迹、脚印、尘土等。

5.2 润滑

图片示例	解析说明
	对发动机/前舱盖、尾门盖、车门铰链及锁扣/支撑杆部位进行润滑。 在车门及尾门胶条等零部件上涂防护油，防止材质老化。

5.3 课后练习

不定项选择题

1．车辆室内需要清洁的部位有（　　）。

A．前舱

B．驾驶室内部

C．后备箱

D．车门内饰板

2．车辆需要常规润滑的部位有（　　）。

A．尾门盖

B．车门铰链

C．尾门胶条

D．支撑杆

整车检查与保养

课程目标	顺利完成本章节内容后，可以达到以下目标：
	◆ 能够说出制订保养流程的意义； ◆ 能够规范执行 23 项保养流程； ◆ 能够正确填写保养流程表与维修工单。

6.1 按照流程保养的意义

车辆在使用一段时间后，部分油液或滤清器因寿命接近，如果继续使用，会造成车辆的加速磨损，甚至危害到驾驶安全。所以应该按期进入维修厂进行保养与检查。在做检查与保养时，遵循流程执行，具有以下意义。

6.1.1 提高技师工作效率

按照顺序进行保养与检查，能够合理利用时间、不会出现反复举升车辆等情况，因而能节约时间，减少用户等待的时间。

6.1.2 工作内容统一，不容易遗忘检查项目

因车辆检查内容繁多，如不按照流程执行，往往会导致有些项目忘记检查、重复检查等。相同的检查顺序与检查手段，能给用户带来技师很专业的感受。

6.2 定期保养项目

正常工况

当车辆长期在正常工况下运行时，可以根据保养手册上的内容进行定期保养操作。

图片示例	解析说明

图片示例

定期保养服务

用户有责任进行维修保养并妥善保存保养记录。保留依照车辆定期保养服务表执行保养的凭据。

保养间隔 \ 保养项目	时间和里程（以先到者为准）											
	时间（月）	3	6	12	18	24	30	36	42	48	54	60
	里程（×1000km）	5	10	20	30	40	50	60	70	80	90	100

发动机

保养项目	3	6	12	18	24	30	36	42	48	54	60
（1.5L）机油和机油滤清器①	R	R	R	R	R	R	R	R	R	R	R
（1.8L）机油和机油滤清器①	R	R	每隔6个月或5000公里更换。每次保养时检查								
燃油滤清器		丨	R	丨	R	丨	R	丨	R	丨	R
空气滤清器滤芯	丨	丨	R	丨	R	丨	R	丨	R	丨	R
火花塞			丨		R		R		丨		
发动机冷却液①	丨	丨	丨	丨	R	丨	丨	丨	R	丨	丨
进排气歧管的状态	丨		丨		丨		丨		丨		丨
传动皮带及张紧轮	丨	丨		丨		丨		丨		丨	

R代表更换或改变。丨代表检查、校正、紧固、清洁、补充、调整或更换。

解析说明

左图为SGMW规定的常规工况下车辆保养项目。

注意：此表格为节选表格，具体信息需查阅维修手册或保养维修手册内容。

恶劣工况

当车辆处于以下恶劣条件时，按非常规保养规范表的要求或视情况提前进行保养操作。

图片示例	解析说明

图片示例

恶劣工况定期保养规范表

项目	保养间隔
机油和机油滤清器	每隔3个月或5000km更换或视情况提前
手动变速器油	每隔18个月或30000km更换或视情况提前
自动变速器油	每隔50000km更换或视情况提前
发动机冷却液	每隔12个月或20000km更换或视情况提前
制动液	每隔12个月或20000km更换或视情况提前
动力转向液	每隔12个月或20000km更换或视情况提前
空气/空调滤清器滤芯	每隔3个月或5000km更换或视情况提前
常规保养表中的其他项目	按常规保养表的保养间隔相应减半或在减半的基础上视情况提前

解析说明

当车辆长期在以下工况下运行时，需要按照左图进行。

大部分的单次行驶距离小于10km。

经常在室外温度为0℃以下或35℃以上的条件下行驶。

在交通拥堵的条件下，车辆经常走走停停，或长时间处于怠速或低速行驶的状态。

经常急加速、急减速或高速行驶。

经常在尘土飞扬的道路上、丘陵或多山的地区行驶。

被用作警车、出租车、租赁或其他经营等特殊用途的车辆。

23 项保养流程

我们以五菱宝骏汽车为例，目前推荐的保养项目有 23 项流程。该流程是按照一定工作顺序、车辆不同举升位置而制订的，具体内容如下。

23 项保养流程表

车型：		车牌号：	行驶里程：_____km	
车辆位置	步骤序号	保养操作步骤（关键项目★）	检查结果	备注
	1	检查制动、加速、离合器踏板的行程及松紧度	□正常 □异常	
	2	★转动转向盘，检查转向器间隙及是否存在异响	□正常 □异常	
	3	★检查手刹行程及松紧度	□正常 □异常	
		移动车辆进入工位		
	4	领取物料及准备保养工具		
		检查喇叭、整车灯光、仪表功能、音响系统	□正常 □异常	
	5	检查雨刷洗涤、后视镜、升降器、门锁操控、安全带功能	□正常 □异常	
	6	检查空调冷暖风系统工作状况	□正常 □异常	
		必要时拆出空调滤芯（630/610、730/560 车型），进行清洁或更换	□清洁 □更换	
	7	检查蓄电池电压，必要时清洁、紧固及润滑桩头	□正常 □异常	
	8	★检查机油、冷却液、制动液、转向液的液面高度	□正常 □异常	
		必要时补充冷却液、制动液、转向液、清洗液	□是 □否	
	9	更换或清洁空气滤清器（手册规定更换周期）并检查发电机、空调皮带松紧度	□正常 □异常	
	10	检查车身五门一盖开关有无卡滞，并对车门锁、铰链、限位器进行润滑	□正常 □异常	
	11	举升车辆及准备工具		
		拆发动机放油螺栓，排放发动机机油		
	12	拆变速器、后减速器（乘用车无）加油螺母，检查变速器、后减速器油位及品质	□正常 □异常	
	13	检查制动、冷却、转向、燃油系统是否有油液渗漏，更换燃油滤清器（手册规定更换周期）	□正常 □异常	
	14	★检查转向系统，摆动前轮及拉杆，确认转向拉杆、球头是否松动	□正常 □异常	
	15	★检查并紧固前后悬挂、转向、排气、发动机连接相关螺栓	□正常 □异常	
	16	更换机油滤清器，紧固机油放油螺栓	□是 □否	
	17	更换后减速器油（乘用车无）	□是 □否	
	18	更换变速器油（手册规定更换周期）	□是 □否	
	19	车辆下降至中下部		
		按标准加注发动机机油，运行并观察发动机工况及噪声	□正常 □异常	
	20	★举升车辆至上部，观察底盘、发动机、变速器、后减速器（乘用车无）是否渗漏	□正常 □异常	
		必要时进行清洁或调整紧固	□清洁 □调整	
	21	检查四轮胎纹深度及磨损情况，检查四轮轴承、摩擦片、制动盘有无异常	□正常 □异常	
		必要时进行四轮换位，及对轴承、摩擦片、制动盘进行清洁或更换	□清洁 □更换	
	22	车辆下降放落至地面，关闭发动机		
		★检查四轮螺母扭力，检查四轮及备胎气压，必要时充气	□正常 □异常	
	23	检测仪诊断故障，并检测蓄电池电压、火花塞、喷油器、PCV 阀等相关数据流有无异常	□正常 □异常	
		必要时进行火花塞、喷油器、曲轴箱通风管的清洁或更换	□清洁 □更换	
维修建议：				

维修技师：　　　　用户签字：　　　　日期：　年　月　日

23 项保养流程表的应用要点

图片示例	解析说明
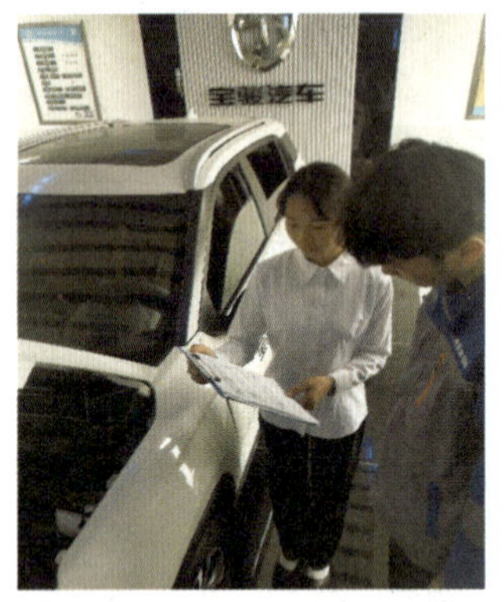	23 项保养流程表中的车辆基本信息由服务接待人员填写，并随车一同交到技师手里。
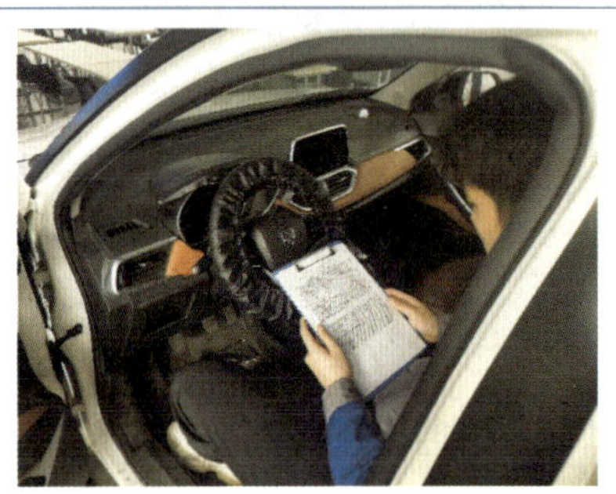	技师接到 23 项保养流程表后，需对接待人员填写的车型、车牌号、行驶里程信息进行记录确认。
	23 项保养项目按照车辆 5 个工位进行任务分配。 执行保养检查时按照顺序进行操作。 在每个项目前有五角星标记的，是关键项目，在执行保养与检查时需更加仔细与全面。 车辆每个工位的所有项目完成后，对项目表进行一次记录登记。 对于检查结果，在正常或异常前面的方框内打勾，记录检查的结果。 对于存在调整、润滑、或异常的项目，在备注栏注明具体异常的部位和结果。 23 项保养项目完成后，针对车辆的行驶里程、检查结果，给出车辆的保养或维修建议。 维修技师签字。

6.3 23 项保养流程的操作实施

6.3.1 保养前的准备

图片示例	解析说明
工位准备	
	车辆在驶入工位前，保持工位的地面干净无异物。 气管收回到位。 工具车及配件车摆放整齐，并放到指定位置。
工具准备	
	工具应摆放整齐。

图片示例	解析说明
物料准备	
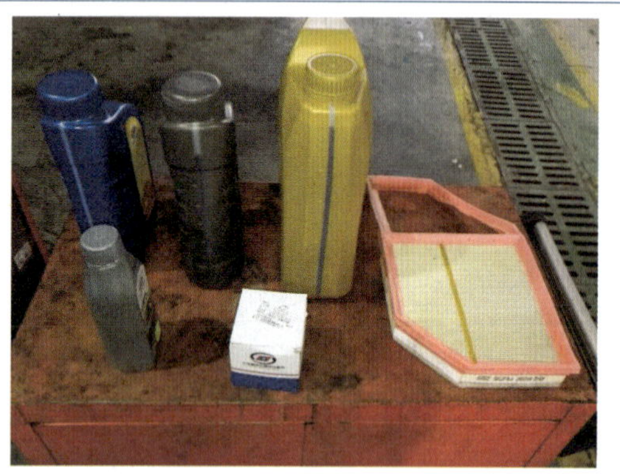	按照维修工单保养项目，提前准备好配件，并摆放整齐。

6.3.2 车辆防护

图片示例	解析说明
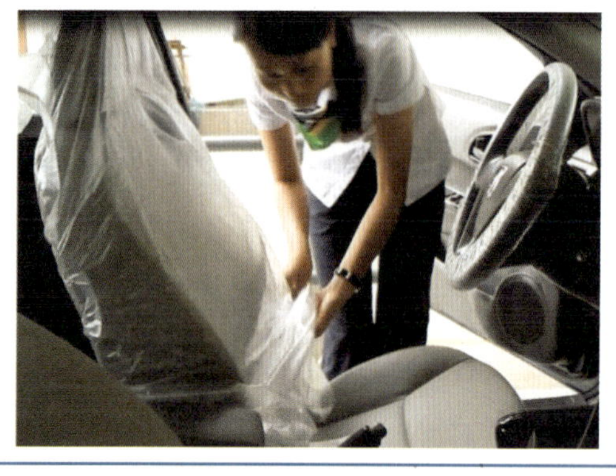	车辆防护是在接车时进行铺设的，目的是防止在维修作业中污染车辆的内饰。通常的保护措施有座椅保护套、转向盘保护套、脚垫、挡位保护套。 维修技师在接触车辆前，首先需确认以上保护是否到位，如果有缺失，提醒业务接待人员进行补充作业。

6.3.3 23 项保养流程实施

23 项保养流程主要由一位技师独立完成。在检查灯光和雨刷系统时，需要两位技师配合完成。其中车外技师为主修技师，车内技师为辅助技师。

一、车辆进入举升工位前的操作

车辆位置	步骤序号	保养操作步骤（关键项目★）	检查结果	备注
	1	检查制动、加速、离合器踏板的行程及松紧度	□正常　□异常	
	2	★转动转向盘，检查转向器间隙及是否存在异响	□正常　□异常	
	3	★检查手刹行程及松紧度	□正常　□异常	
		移动车辆进入工位		

1．检查制动踏板的行程及松紧度。

- 不启动发动机踩下制动踏板，踩几下后将明显感到制动踏板发硬。
- 启动发动机踩下制动踏板，可感觉踏板能平顺踩下，制动有效不发硬。

2．检查加速踏板的行程及松紧度。

● 发动机工作状态下，轻踩加速踏板发动机转速能随之上升。

● 松开加速踏板发动机转速回到怠速 750±50r/min 范围内。

3．检查离合器踏板的行程及松紧度。

● 踩离合器切换各个挡位。

● 确认各个挡位换挡平顺无卡滞。

4．检查转向器间隙及是否存在异响。

● 不启动发动机，分别向左右转动转向盘直到有阻力为止，转向器间隙在 10°～15°范围内算正常。

● 启动发动机，转向盘转动有轻便的感觉，检查是否存在异响。

5．检查手刹（驻车制动器）行程及松紧度。

用大约 350～400N 的力拉手刹，能听到 6、7 个齿的响声，手刹高度正常。

6．移动车辆进入维修保养工位。

慢速移动车辆进入工位，保证车辆与举升机左右距离相近。

二、车辆进入举升工位后的操作

<table>
<tr><th>车辆位置</th><th>步骤序号</th><th>保养操作步骤（关键项目★）</th><th>检查结果</th><th>备注</th></tr>
<tr><td rowspan="12"></td><td rowspan="2">4</td><td>领取物料及准备保养工具</td><td></td><td></td></tr>
<tr><td>检查喇叭、整车灯光、仪表功能、音响系统</td><td>□正常 □异常</td><td></td></tr>
<tr><td>5</td><td>检查雨刷洗涤、后视镜、升降器、门锁操控、安全带功能</td><td>□正常 □异常</td><td></td></tr>
<tr><td rowspan="2">6</td><td>检查空调冷暖风系统工作状况</td><td>□正常 □异常</td><td></td></tr>
<tr><td>必要时拆出空调滤芯（630/610、730/560 车型），进行清洁或更换</td><td>□清洁 □更换</td><td></td></tr>
<tr><td>7</td><td>检查蓄电池电压，必要时清洁、紧固及润滑桩头</td><td>□正常 □异常</td><td></td></tr>
<tr><td rowspan="2">8</td><td>★检查机油、冷却液、制动液、转向液的液面高度</td><td>□正常 □异常</td><td></td></tr>
<tr><td>必要时补充冷却液、制动液、转向液、清洗液</td><td>□是 □否</td><td></td></tr>
<tr><td>9</td><td>更换或清洁空气滤清器（手册规定更换周期）并检查发电机、空调皮带松紧度</td><td>□正常 □异常</td><td></td></tr>
<tr><td>10</td><td>检查车身五门一盖开关有无卡滞，并对车门锁、铰链、限位器进行润滑</td><td>□正常 □异常</td><td></td></tr>
</table>

1．领取物料及准备保养工具。

● 根据实际车辆保养情况，领取（或检查）机油、机油滤清器等物料。

● 准备（或检查）相关保养工具（梅花扳手、机油滤清器拆装工具、扭矩扳手、套筒、抹布、加油桶、漏斗、接油桶、诊断仪等）。

2．检查喇叭。

按压喇叭开关或遥控器，喇叭能正常鸣响，无沙哑、杂音。

3．检查灯光系统。

检查时，车外技师利用手势指示车内技师开启灯光。

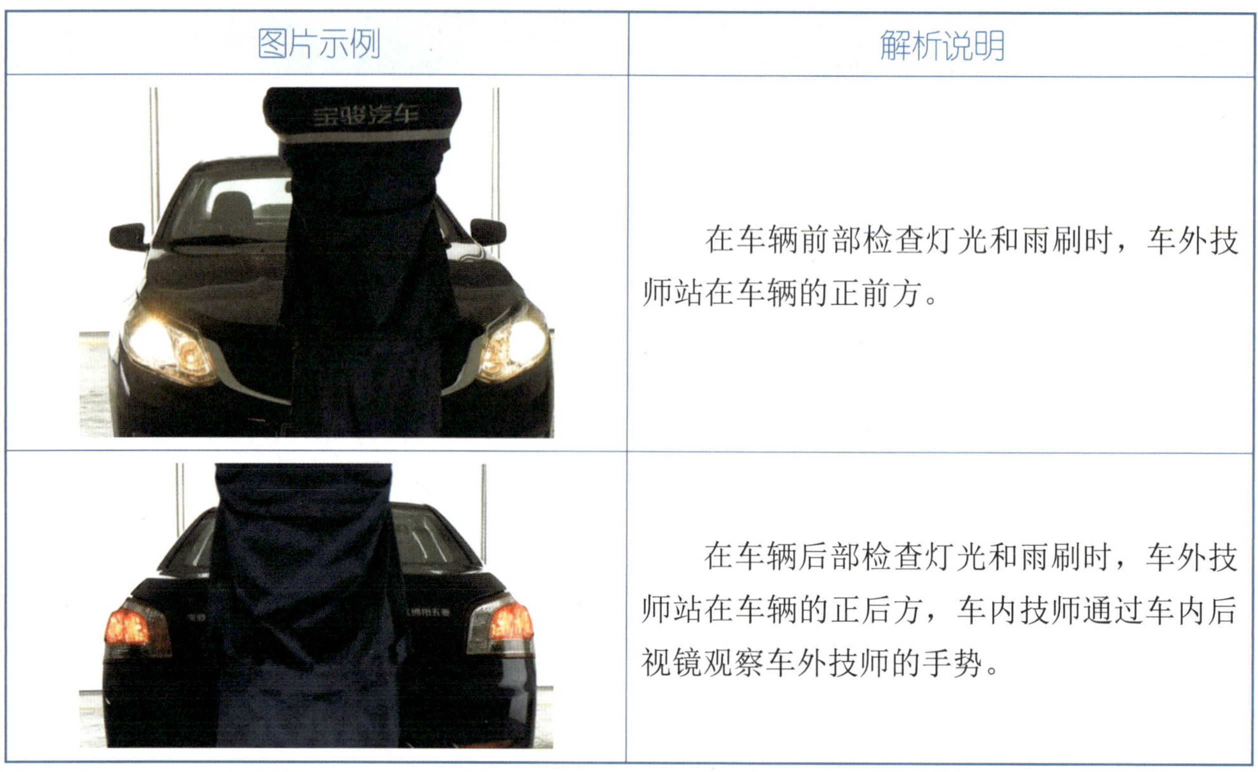

图片示例	解析说明
	在车辆前部检查灯光和雨刷时，车外技师站在车辆的正前方。
	在车辆后部检查灯光和雨刷时，车外技师站在车辆的正后方，车内技师通过车内后视镜观察车外技师的手势。

车辆前部灯光按照如下顺序进行检查：前位灯、近光灯、远光灯、前雾灯、左前转向灯、右前转向灯、危险警告灯。正常情况下前位灯、近光灯、远光灯、前雾灯、左前转向灯、右前转向灯、危险警告灯都可以工作。

车辆后部灯光按照如下顺序进行检查：后位灯、牌照灯、制动灯、倒车灯、后雾灯、左后转向灯、右后转向灯、危险警告灯。正常情况下后位灯、牌照灯、制动灯、倒车灯、后雾灯、左后转向灯、右后转向灯、危险警告灯都可以工作。

车内灯光功能检查：正常情况下顶灯、后备箱灯都能工作。

4．检查组合仪表指示功能。启动发动机，检查组合仪表各项指示灯功能是否正常。

5．检查音响功能。

- 检查音响开关机、收音、CD 等各项功能是否正常。
- 按压导航按键，能切换到导航界面。
- 挂倒挡时，倒车影像自动激活，画面清晰。

6. 检查雨刷功能。

● 前窗雨刷检查：分别执行间歇、低速、高速、喷水功能，正常时所有功能都可以工作。搬起雨刷臂，观察雨刷片，正常情况下胶条未老化，且无磨损情况。

● 后窗雨刷检查：分别执行后窗雨刷动作、喷水功能，正常时所有功能都可以工作。搬起雨刷臂，观察雨刷片，正常情况下胶条未老化，且无磨损情况。

注意：检查雨刷时需配合标准的手势，以告知操作人员进行相关功能的操作。

7. 检查后视镜、中控、遥控、车窗和安全带功能。

● 检查后视镜功能，镜面清晰完整，能正常上下左右调整。

● 检查 4 门升降器功能和儿童锁功能，玻璃应能顺畅升降，无卡滞。

● 检查中控门锁功能。

● 检查两后门儿童锁功能。

● 检查遥控器功能。

● 检查安全带功能，安全带表面应完整无裂口等缺陷，用手迅速拉拽能立即停止，放手后能自动收回，且能顺畅扣上和解锁。

8. 检查空调系统工作状况。

● 检查空调各挡风量。

● 检查风向调节。

● 检查冷暖调节功能。

● 检查空调内外循环功能。

● 检查压缩机是否工作。

● 检查后窗加热功能。

● 检查并清洁空调滤清器，或依据保养周期进行更换，用高压气体对空调滤清器进行清洁。

9. 打开引擎盖，放置翼子板护罩。要求放三块护罩，左右各放一块，前方放一块。

10. 检查发动机舱。

● 检查并清洁空气滤清器或依据保养周期进行更换。空气滤清器无破损、变形。清洁时使用高压气体，空气吹动方向应与空气进入方向相反。波纹管应已连接到位，管箍应已紧固，壳体应已安装到位，螺钉应已拧紧，滤清器无外露，壳体表面应已清洁。

● 清洁空气滤清器壳体。用干净的毛巾擦拭壳体内部。

● 检查或补充制动液，或依据保养周期进行更换。液面超过最高刻度与最低刻度中间位置，但以不高于最高刻度为最佳，必要时添加或更换制动液，检查管箍、管体状态及连接状态是否完好。

● 检查或补充冷却液，或依据保养周期进行更换。液面超过最高刻度与最低刻度中间位置，但以不高于最高刻度为最佳，必要时添加或更换，检查周围管路连接可靠、无泄漏。

● 检查转向助力油液，或依据保养周期进行更换。液面超过最高刻度与最低刻度中间位置，但以不高于最高刻度为最佳，必要时添加或更换，检查管箍、管体状态及连接状态是否完好。

● 检查或补充玻璃清洗液。

● 检查机油液面，或依据保养周期进行更换。拔出机油尺用抹布擦干净，再把机油尺塞入，拔出后确认机油液位在最高刻度和最低刻度之间，必要时添加或更换，装回机油尺需确认塞紧。

● 检查蓄电池外观。壳体表面无损坏、鼓包，检查正负极桩头是否松动或腐蚀，摇动接线柱连接牢固可靠，如有氧化物需去除氧化物，用导电润滑脂润滑负极。

● 使用万用表测量蓄电池电压，电压正常值为 10～14V。

● 检查发电机、空调皮带松紧度。检查皮带张力，用大约 98N 的力压下皮带，对于新皮带，变形量 6～10mm 为正常张力；对于旧皮带，变形量 10～15mm 为正常张力。

11．检查、润滑车门。

● 检查五个车门及发动机舱盖开关有无卡滞。

● 检查或润滑车门锁。

● 检查或润滑车门铰链。

● 检查或润滑限位器（如果车门关闭灵活可不用润滑）。

三、车辆举升至上部的操作

车辆位置	步骤序号	保养操作步骤（关键项目★）	检查结果	备注
	11	举升车辆及准备工具		
		拆发动机放油螺栓，排放发动机机油		
	12	拆变速器、后减速器（乘用车无）加油螺母。检查变速器、后减速器油位及品质	□正常 □异常	
	13	检查制动、冷却、转向、燃油系统是否有油液渗漏，更换燃油滤清器（手册规定更换周期）	□正常 □异常	
	14	★检查转向系统，摆动前轮及拉杆，确认转向拉杆、球头是否松动	□正常 □异常	
	15	★检查并紧固前后悬挂、转向、排气、发动机连接相关螺栓	□正常 □异常	
	16	更换机油滤清器，紧固机油放油螺栓	□是 □否	
	17	更换后减速器油（乘用车无）	□是 □否	
	18	更换变速器油（手册规定更换周期）	□是 □否	

1．举升车辆。要求举升车辆位置正确，车辆举升至离地面 0.3m 左右，通过摇晃车辆确保车身稳定。

2．更换机油及机油滤清器。检查放油螺栓垫圈接触面是否完好，如果异常，则更换放油螺栓垫圈，按照规定扭矩紧固机油放油螺栓和机油滤清器，擦拭干净周围污渍。

3．检查燃油滤清器外观是否渗漏、管路固定是否牢靠，或依据保养周期进行更换。

4．检查变速器油液的液位是否正常，或依据保养周期进行更换。如拆卸检查螺栓时即有油渗出，可确认油量足够，并观察油液品质是否异常。如无油渗出，用小手指放入加油口可触碰到油面，用手指揉搓油液并用眼睛观察油液品质是否异常。

5．检查碳管的连接管路是否正常，或依据保养周期进行更换。

6．检查转向拉杆、球头是否松动。紧固转向器固定螺栓、紧固转向节连接螺栓、紧固拉杆球头螺栓。

7．检查轮毂轴承是否松动或有异响。

8．检查底盘前部摆臂球头是否松动。紧固前部摆臂螺栓。

9．检查前后部悬架连接是否松动。紧固后桥纵臂与车架的连接螺栓。

10．检查减震器连接是否松动。

11．检查排气系统连接是否松动。紧固排气管连接螺栓、消声器连接螺栓。

12．检查制动系统接头是否松动，管路是否渗漏。

13．检查冷却系统接头是否松动，管路是否渗漏。

14．检查燃油系统管路或接头是否松动，管路是否渗漏。

四、调节车辆举升位置的操作

<table>
<tr><th>车辆位置</th><th>步骤序号</th><th>保养操作步骤（关键项目★）</th><th>检查结果</th><th>备注</th></tr>
<tr><td rowspan="6"></td><td rowspan="2">19</td><td>车辆下降至中下部</td><td></td><td></td></tr>
<tr><td>按标准加注发动机机油，运行并观察发动机工况及噪声</td><td>□正常 □异常</td><td></td></tr>
<tr><td rowspan="2">20</td><td>★举升车辆至上部，观察底盘、发动机、变速器、后减速器（乘用车无）是否渗漏</td><td>□正常 □异常</td><td></td></tr>
<tr><td>必要时进行清洁或调整紧固</td><td>□清洁 □调整</td><td></td></tr>
<tr><td rowspan="2">21</td><td>检查四轮胎纹深度及磨损情况，检查四轮轴承、摩擦片、制动盘有无异常</td><td>□正常 □异常</td><td></td></tr>
<tr><td>必要时进行四轮换位，及对轴承、摩擦片、制动盘进行清洁或更换</td><td>□清洁 □更换</td><td></td></tr>
</table>

1．车辆下降至中下部，加注合适量机油并拧紧加油盖。

2．举升车辆至上部，观察底盘、发动机、变速器是否渗漏，清洁油渍。

3．检查制动片的厚度。通过目测或用游标卡尺测量制动片摩擦衬片的厚度。

4．检查制动盘表面是否有沟槽、油污。

5．检查轮胎。

- 检查轮胎磨损是否有异常。
- 检查轮胎是否开裂、划伤。
- 检查轮胎花纹。
- 清除轮胎花纹内的石子。
- 检查四轮胎压。
- 检查备胎胎压。
- 测量完胎压用肥皂水检查是否漏气。
- 依据实际轮胎磨损程度，提出进行轮胎换位的建议。

五、车辆下降至地面的操作

车辆位置	步骤序号	保养操作步骤（关键项目★）	检查结果	备注
	22	车辆下降至地面，关闭发动机		
		★检查四轮螺母扭力，检查四轮及备胎气压，必要时充气	□正常 □异常	
	23	检测仪诊断故障，并检测蓄电池电压、火花塞、喷油器、PCV 阀等相关数据流有无异常	□正常 □异常	
		必要时进行火花塞、喷油器、曲轴箱通风管的清洁或更换	□清洁 □更换	

1．检查或清洁曲轴箱通风阀。

2．紧固轮胎螺母。

3．连接诊断仪读取车辆全车故障码。

4．通过诊断仪读取发动机关键数据流。

- 蓄电池电压—怠速 12～14V。
- 点火正时—怠速 2°～10°。
- 喷油脉宽—怠速 3～6ms。
- 歧管压力—怠速 30～50kPa。
- 氧传感器—前氧（100～900）mV 快速变化。

6.4 保养后的后续流程

6.4.1 车辆的要求

图片示例	解析说明
清洁发动机舱及雨刷倒流板	
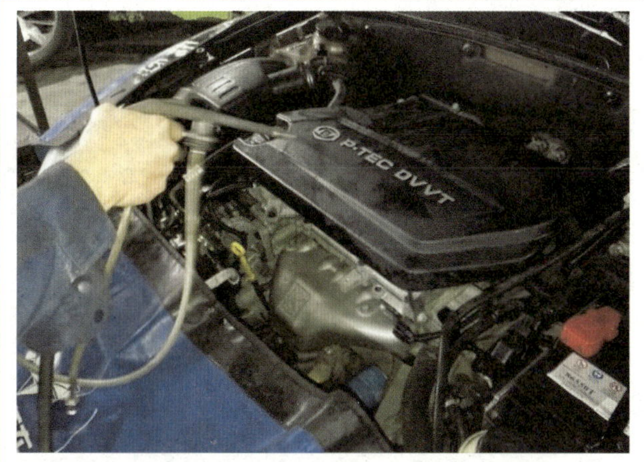	使用气压水枪吹洗发动机舱内尘土，然后使用压缩空气吹干水气。 使用压缩空气清洁雨刷导流板。
清洁车厢	
	清除车厢内所有的物料、工具、配件等。
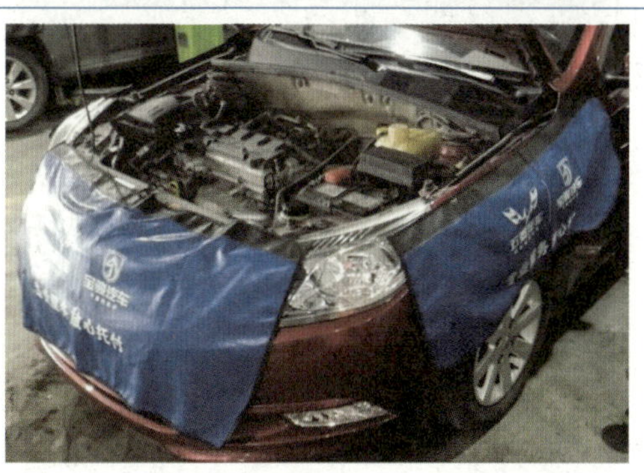	取下车辆防护罩。

6.4.2 工单填写

<table>
<tr><th>图片示例</th><th>解析说明</th></tr>
<tr><td>维修建议（本页不够，可于背面书写）：
熄火停车时建议不要使用车上用电设备，保护电瓶，按时保养
下次保养提醒：建议您在2017年3月10日前，或行驶6000公里前，提前预约保养。
维修技师：　　技术主管：＿＿＿＿　　日期：2016.12.27</td><td>在《保养与建议表》中填写符合相对应里程数的保养或发现异常时的建议。
提醒客户下次保养的时间与里程数，签字确认。</td></tr>
<tr><td>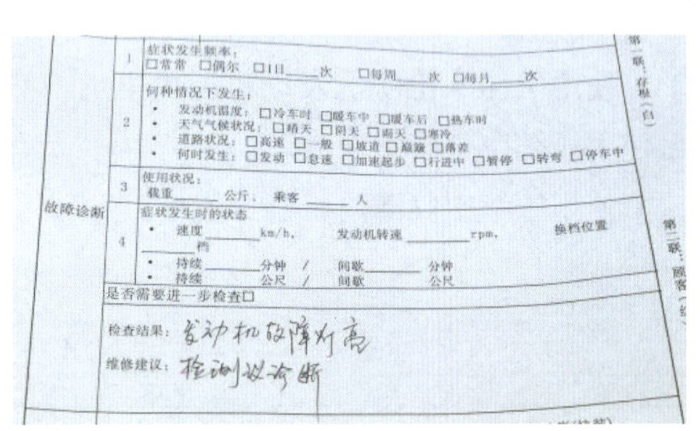
故障诊断
1 症状发生频率：
□常常 □偶尔 □1日＿＿次 □每周＿＿次 □每月＿＿次
2 何种情况下发生：
• 发动机温度：□冷车时 □暖车中 □暖车后 □热车时
• 天气气候状况：□晴天 □阴天 □雨天 □寒冷
• 道路状况：□高速 □一般 □坡道 □颠簸 □落差
• 何时发生：□发动 □怠速 □加速起步 □行进中 □暂停 □转弯 □停车中
3 使用状况：
载重＿＿＿公斤，乘客＿＿＿人
4 症状发生时的状态
• 速度＿＿＿km/h，发动机转速＿＿＿rpm，换档位置＿＿＿档
• 持续＿＿＿分钟 / 间歇＿＿＿分钟
• 持续　　公尺 / 间歇　　公尺
是否需要进一步检查□
检查结果：发动机故障灯亮
维修建议：检测设诊断
第一联：存根（白）
第二联：顾客</td><td>在预检单上填写检查结果与维修建议。</td></tr>
<tr><td colspan="2">交接车辆</td></tr>
<tr><td></td><td>维修技师向接待人员说明车辆的检查结果和维修建议。由接待人员转述检查结果与维修建议，在客户确认后，请客户签字，并填写时间。如果接待人员不能完整清楚地表达保养流程表所表述的结果与建议，接待人员可以带领技师当面与客户交流。</td></tr>
</table>

6.4.3　车间场地工具的要求

图片示例	解析说明
场地要求	
	清洁场地上的油污、尘土及废弃物。
	气管复位。
	丢弃废弃的物料。
	工具应该恢复至初始清洁状态，摆放有序。

6.5 课后练习

一、不定项选择题

1．在对车辆保养前，需要准备的事项有（　　）。

A．工位干净整洁

B．需要使用的工具摆放整齐，放到方便取放的位置

C．按照要求准备领取物料

D．工具车、物料车摆放整齐

2．对于车辆保养前的车辆防护描述正确的是（　　）。

A．正常情况下，车辆送到技师手里，由技师执行内部保护套的安装

B．安装驾驶员座椅保护套

C．安装转向盘保护套

D．对车辆外部使用三件套进行保护

3．以下属于车辆进入举升工位前的操作项目的是（　　）。

A．手刹的高低

B．灯光

C．制动踏板行程

D．机油液面

4．以下哪些项目是车辆举升到上部后的操作项目（　　）。

A．更换机油机滤

B．减震器

C．转向拉杆球头

D．紧固底盘螺丝

5．在检查前部灯光雨刷时，如图所示的手势表示检查（　　）。

A．前位灯

B．双闪

C．近光灯

D．前雾灯

6．在检查前部灯光雨刷时，如图所示  的手势表示检查（　　）。

A．前位灯

B．远光灯

C．近光灯

D．前玻璃喷水

7．在检查后部灯光时，如图所示  的手势表示检查（　　）。

A．后雾灯

B．倒车灯

C．制动灯

D．危险警告灯

8．在检查后部灯光时，如图所示  的手势表示检查（　　）。

A．后雾灯

B．倒车灯

C．制动灯

D．危险警告灯

9．车辆保养完毕后对工位工具的要求有（　　）。

A．清洁场地

B．清洁工具使用后摆放整齐

C．丢弃废弃物

D．气管复位

10．以下不属于车辆刚进入举升工位后的操作项目的是（　　）。

A．检查仪表与音响

B．检查空调

C．检查制动片与制动盘

D．检查雨刷

二、问答题

1．制订保养流程的意义是什么？

2．执行23项保养流程的要点有哪些？

PDI

课程目标	顺利完成本章节内容后，可以达到以下目标：
	◆ 能够对五菱宝骏车辆进行 PDI 操作； ◆ 能够对 PDI 车辆进行后续处理。

7.1 交车前的服务介绍

当顾客签订了购车协议并完成相关手续后，此时，作为经销商应为客户提供其所要求的车辆与交车前服务。

7.1.1 交车前服务

如果未进行正确的交车前服务，那么就无法保证交付客户的车辆是完好的，同时经销商已经在法律上违反了合同，客户有权拒收车辆，这样就会造成客户对经销商的印象变差，影响经销商的信誉。所以交车前服务也是经销商销售给客户的产品。

PDI 定义

PDI 是 Prior Delivery Inspection（交货前检查）的缩写，PDI 是汽车服务产品的一部分，是车辆交付给客户前的质量检查。

PDI 优势

能够确保车辆整体完好无损、各功能元件工作正常，也是提高客户满意度、降低客户投诉率、减少车辆售出后发生不必要纠纷的切实举措。

PDI 作用

- 确保将完好状态的车辆交至客户手中；
- 避免因较小的故障或缺陷导致客户与经销商产生分歧或争执。
- 让客户对汽车品牌增强信心。
- 提高客户满意度。
- 提升企业品牌形象。

PDI 条件

车辆 PDI 程序必须在能够保证车辆的外观和功能可以被正确评估的基础上进行。

PDI 车辆必须达到以下条件：

- 车辆功能、性能正常。
- 所有提供给顾客的文档都应在车内。
- 蓄电池状态良好。
- 车辆内外必须是干净的，便于进行彻底的检查。

7.1.2　PDI 的准备

为了更好地实现对车辆的 PDI 检查，应对 PDI 的场地及设备有严格的要求。

图片示例	解析说明
PDI 场地准备 车间要专门设置 PDI 场地，以免与其他服务工作相互影响。	
	● PDI 场地最好处于室内。 ● 场地要保持整洁卫生，地面无油渍且每天要清洁。 ● 场地要宽敞明亮，便于开展工作。

<table>
<tr><th>图片示例</th><th>解析说明</th></tr>
<tr><td colspan="2">PDI 工具及设备准备
为了更好地对车辆进行 PDI 检查，还需要准备以下工具。</td></tr>
<tr><td>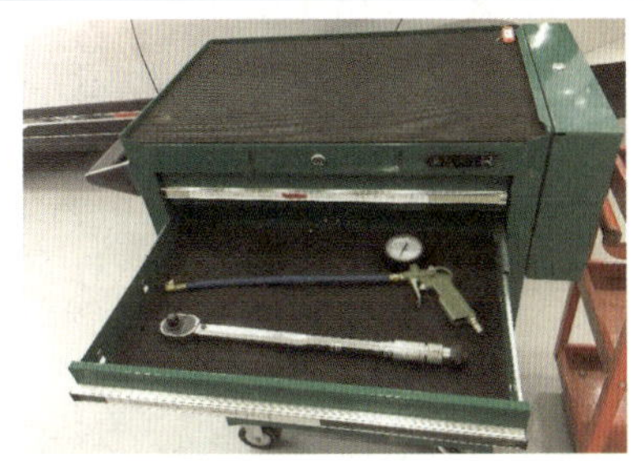</td><td>如举升设备（四柱式举升机/剪式举升机），蓄电池充电机、轮胎充气机、工作灯或电筒、常用工具、扭矩扳手、轮胎气压表、万用表、干净的抹布、WDS 或 X431 诊断设备等。</td></tr>
<tr><td colspan="2">PDI 车辆准备
进行车辆 PDI 检查之前，对要检查的车辆进行清洗、车辆保护等操作。</td></tr>
<tr><td></td><td>如左图所示，去掉车身保护膜，认真清洗车辆表面，并用柔软干净的抹布擦干。
车辆清洗干净后，首先对车辆内饰做防护，防止弄脏内饰或损坏内饰。</td></tr>
<tr><td colspan="2">PDI 检查备用品准备
在进行车辆 PDI 检查过程中，如果发现车辆某些油液缺失，需要进行一定的添加与补充。</td></tr>
<tr><td>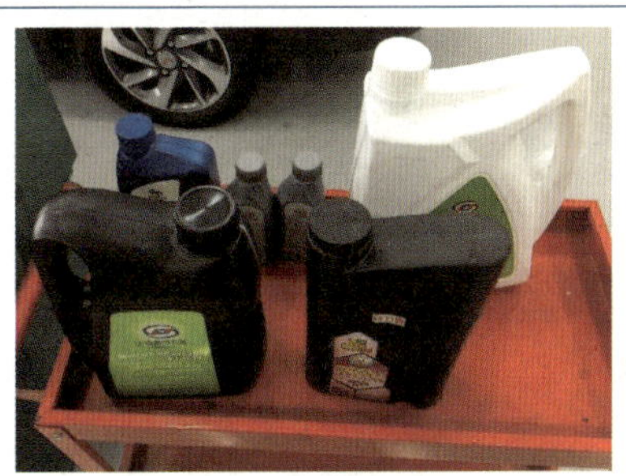</td><td>如左图所示，PDI 检查时应对机油、冷却液、齿轮润滑油、抛光蜡、修整漆及其他相关的材料进行准备。</td></tr>
</table>

7.1.3 PDI 的检查流程

PDI 检查项目包括整车完备性检查、车辆外观检查、车辆内部检查、发动机舱检查、车辆举升检查及其他项目检查，本小节将对这些检查项目进行说明。

五菱宝骏 PDI 检查单

五菱宝骏为每辆商品车都准备了 PDI 检查表，因此技师在 PDI 的过程中，应该参考 PDI 检查表里的项目执行。

PDI 检查表	经销商名称：		服务站代码：	VIN 码：	
	发动机型号：	车型：	钥匙编码：	里程数：　　km	颜色：
	检查时请以下列符号填入“□”内：合格 V，更换 X，修理 R，调整 A，清洁 C，紧固 T，润滑 L，未配置 N。				

随车物品	外观	内饰	69. 车内外后视镜调整	请将外观缺陷在下栏中注明
1. 车钥匙 2 套 □	23. 轮胎及轮辋 □	43. 室内顶棚状况 □	70. 后窗玻璃开闭状况 □	
2. 音响或多媒体使用说明书 □	24. 安装轮圈饰盖 □	44. 车内座椅/地毯状况 □	71. 前排化妆镜及灯状况 □	
3. 备胎 □	25. 玻璃、左右后视镜及灯具 □	45. 左前门内饰板状况 □	72. 前排阅读灯/门灯/顶灯状况 □	
4. 随车工具总成 □	26. 全部防水密封条、门框压条 □	46. 左后门内饰板状况 □	73. 各座椅调节是否正常 □	
5. 随车包（用户/保修/操作手册等） □	27. 前后门及尾门的开启、关闭 □	47. 右前门内饰板状况 □	74. 遮阳板的放下、收起 □	
6. 三角警示标牌 □	28. 引擎盖开启、关闭 □	48. 右后门内饰板状况 □	75. 前雨刮及喷水状况 □	
7. 随车照片、VIN 拓印码	29. 加油口盖开启、关闭 □	49. 尾门装饰板状况 □	76. 后雨刮及喷水状况 □	
	30. VIN 码与铭牌匹配 □	50. A、B、C 柱饰板状况 □	77. 检查外部灯光系统工作状况 □	
发动机舱/前舱	31. 保险杠与车身的配合 □	51. 前仪表台外观状况 □	78. 组合仪表工作状况 □	
8. 蓄电池状况 □	32. 标牌(包括五菱商标牌、厂标牌、型号标牌等)，后装饰灯，防擦条，裙板 □	52. 杂物箱及控制台状况 □	79. 离合、制动、加速踏板状况 □	
9. 发动机机油液面 □		53. 换挡手柄状况 □	80. 驻车制动器 □	**其他未尽项目请在下栏中注明**
10. 制动液液面 □		54. 手刹手柄状况 □	81. 换挡杆操作 □	
11. 玻璃清洗液液面 □	33. 外部钣金区（车身外表），车身内部裸露可视表面，前/后保险杠和裙板的表面 □	55. 内后视镜状况 □	82. 点烟器及电源口工作状况 □	
12. 冷却液液面 □		56. 方向盘状况 □	83. A/C 空调系统性能 □	
13. 散热器总成 □		57. 喇叭盖状况 □	84. 音响系统性能 □	1.
14. 发动机舱有无油污 □	**底盘/传动**	58. 室内灯灯罩状况 □	85. 方向盘调整功能 □	2.
15. 油液管路有无泄漏 □	34. 紧固车轮螺母 □	59. 手套箱状况 □	86. 喇叭性能 □	3.
16. 发动机油底壳 □	35. 紧固底盘螺栓/螺母 □	60. 中排座椅扶手状况 □	87. 方向盘音响按键功能 □	4.
17. 发动机皮带状况 □	36A. 传动轴及后桥（CN113R） □	61. 其他储物箱状况 □	88. 天窗工作状况 □	5.
18. 变速器壳体状况 □	36B. 半轴及转向器防尘罩（CN210MR） □	62. 遮阳板状况 □	89. 可视倒车雷达性能 □	
19. 发动机启动运行状况 □	37. 燃油管路及燃油箱 □	63. 天窗外观状况 □	90. 导航及 GPS 功能 □	
20. 线束定位及插头连接 □	38. 制动液管路固定及干涉 □	64. 后地毯 □	91. 点火开关及方向锁 □	
21. 燃油管路有无泄漏干涉 □	39. 排气管固定及刮伤情况 □	65. 车内是否有多余杂物 □	92. 电动助力转向性能 □	
22. 空调管路有无泄漏干涉 □	40. 底盘线束固定及连接情况 □	**功能**	**其他检查**	注意：车辆检查完毕后，确保车内外全部灯光及电器关闭，车门玻璃及车顶天窗全部关严，车门全部锁好。
	41. 变速器底部状况 □	66. 门锁/中控门锁工作状况 □	93. 驾驶情况 □	
	42. 取掉底盘区域不必要的胶套 □	67. 车门儿童安全锁作用状况 □	94. 定速巡航功能 □	
		68. 车门窗玻璃升降及内开保险状况 □	95. 洗车并检查是否漏水 □	

检查人员（签字）：	服务经理（签字）：	经销商名称：
检查日期：	检查日期：	经销商代码：　　经销商/服务站盖章

整车完备性检查

交给客户的新车中还包含车辆的随车附件，在进行 PDI 过程中，对随车附件的检查也是必要的。

图片示例	解析说明
车主/保修/音响使用说明书检查	
	车主手册（使用说明书）是用户能够了解车辆使用的一个重要途径，通过使用说明书，用户可以了解车辆的使用功能、维护信息等相关内容。 随车附带的内饰保养说明书可以指导车主进行内饰清洁。
随车工具检查	
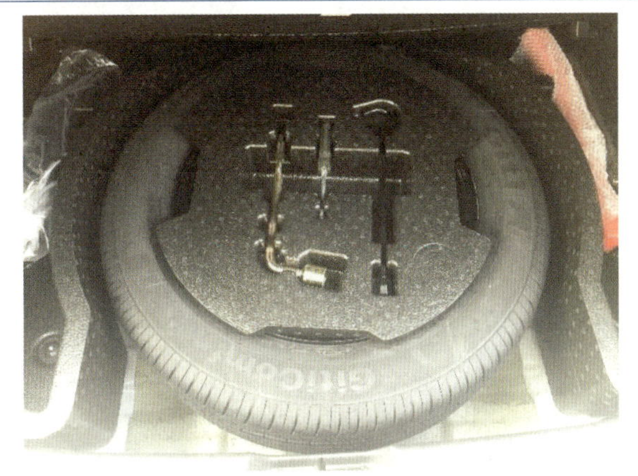	从后备箱中取出所有随车工具进行检查。 ● 检查诸如千斤顶、轮胎扳手、防盗螺栓工具。 ● 拖车专用牵引装置、螺丝刀、轮胎装饰盖拆除工具等物品。 ● 检查随车工具功能是否正常，最后再逐一放回原位。
备胎检查	
	五菱宝骏为每一辆汽车都配备了备用轮胎（备胎），需要对备胎进行检查。 ● 检查备胎是否正常。 ● 使用气压表，把轮胎压力调整到该车辆规定的最高轮胎压力。

图片示例	解析说明
遥控钥匙检查	
	● 确认钥匙数量。 ● 钥匙外观无破损变形。 ● 将钥匙编码记录在 PDI 检查表中。 ● 用钥匙/遥控器能正常开关门锁。 ● 确认寻车键功能正常。 ● 确认按压后备箱按键，后备箱能打开。 ● 车门关闭的状态下按压锁车或开启键，转向灯会闪烁。 ● 按压尾门开启键 2s，尾门锁开启，可打开尾门。

车辆外观检查

车辆外观检查项目主要包括对车辆外部损伤、保险杠与车辆接缝、车门密封条、玻璃损伤、轮胎及轮毂、后视镜及灯具、标牌及标识的检查。

图片示例	解析说明
车辆外部损伤检查	
	如左图所示，环绕全车一周目视检查，油漆表面应无变色、锈斑、凹凸点、脱落、裂纹及划伤，车身外观无变形。
保险杠与车辆接缝检查	
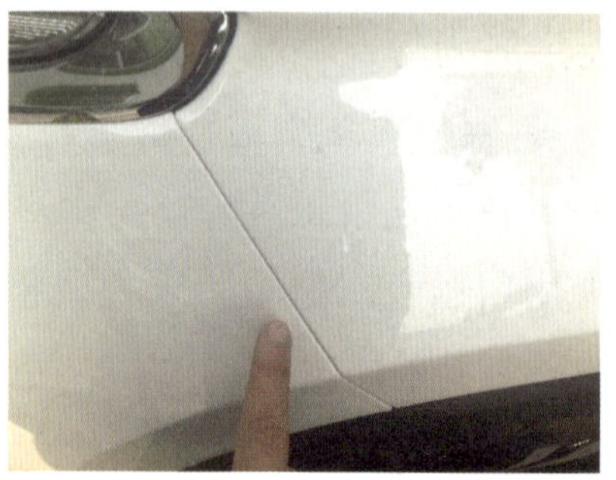	如左图所示，检查车身、前后保险杠、车身配合钣金件之间是否存在配合间隙过大，色差差异大等现象。

图片示例	解析说明
车门密封条检查	
	如左图所示，环检车辆，观察车门、风挡玻璃压条是否安装到位，必要时对可疑玻璃进行淋水检查，测试玻璃密封性，观察是否有裂纹产生，后风挡玻璃除霜焊接是否牢靠等。
玻璃损伤检查	
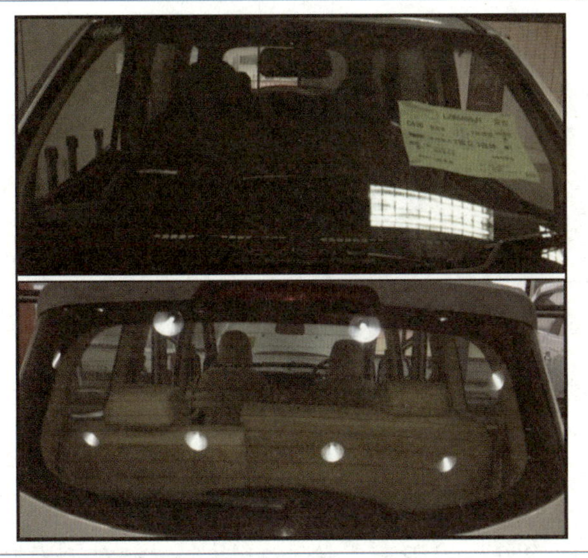	如左图所示，目视前后风挡玻璃及车窗玻璃是否变色、划伤、破损。不允许有颜色变化；不允许有大于5mm的划伤；不允许破损；左右对称的门窗玻璃必须同一规格、同一颜色。
轮胎及轮毂检查	
	如左图所示，环检车辆，观察四轮轮胎应无变形、无损伤，钢圈无划伤痕迹；饰盖无缺失，且标牌稳定扣合；四轮轮胎同型号、同厂家；轮胎气压须与轮胎标识一致；后续紧固轮胎螺母，扭矩为110N·m。

图片示例	解析说明
后视镜及灯具检查	
	如左图所示，后视镜镜面清洁，成像良好，可正常上下左右调整；灯具不得有划伤、破损现象。
标牌及标识检查	
	如左图所示，检查标牌（包括车型名称商标牌、厂标牌、型号标牌）、后装饰灯、防擦条、裙板。应安装平整、牢固、不歪斜、无划伤、无缺失，粘贴点不离空，翘起排量标识清晰。

车辆内部检查

当技师进入到车辆内部后，需要对车辆内部各设备及内饰进行检查。

图片示例	解析说明
发动机运转状况检查	
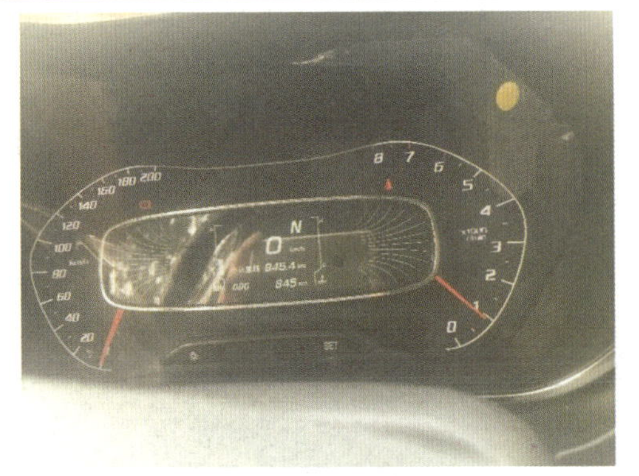	如左图所示，启动发动机，发动机应能轻松启动，启动后发动机无明显异常的机械噪声，运转平稳。
仪表状况检查	
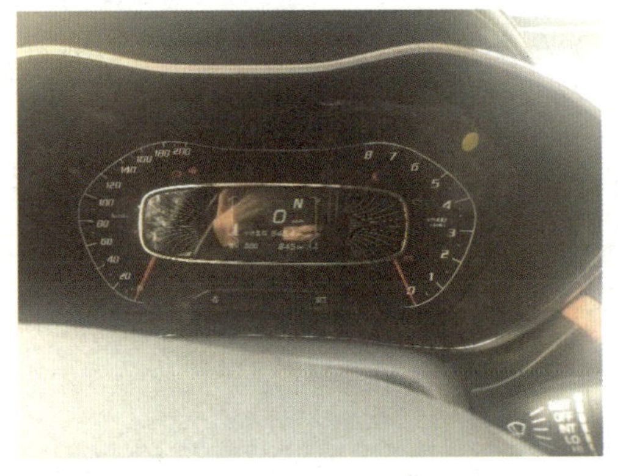	如左图所示，开启车辆观察仪表，图上的指示灯应该都能亮起。启动发动机，慢速踏压加速踏板，检查转速表是否能正确显示转速；机油指示灯、发动机故障指示灯是否正常亮灭。 检查 ABS、EPS、安全气囊、充电系统、制动系统等各种指示灯、警告灯是否正常亮灭。
灯光检查	
	如左图所示，调节灯光开关，观察前方灯光，同时观察仪表指示灯，调节时应能明显感觉光束发生变化。将点火开关置 ON 挡，踩制动踏板时制动灯亮起为正常，挂 R 挡时倒车灯亮起为正常，否则为故障；若不踩制动踏板，制动灯亮起为故障；启动发动机，未开启前照灯，日间行车灯应亮起。检查转向指示灯及危险警告灯是否正常。

<table>
<tr><th>图片示例</th><th>解析说明</th></tr>
<tr><td colspan="2">喇叭检查</td></tr>
<tr><td></td><td>如左图所示，按下喇叭按钮，喇叭声音应该洪亮；不管转向盘打在哪个角度，按压喇叭按钮时，喇叭都能够响起。</td></tr>
<tr><td colspan="2">雨刷功能检查</td></tr>
<tr><td></td><td>如左图所示，将雨刷操纵杆分别置间歇操作挡、低速挡、高速挡然后关闭，观察雨刷是否回位；旋转雨刷操纵杆旋扭调整间歇快慢，雨刷工作间隔时间应随之改变；抬起手柄，观察雨刷及喷水功能。</td></tr>
<tr><td colspan="2">转向盘调节及锁止检查</td></tr>
<tr><td></td><td>如左图所示，转向盘可自由转换高低位置。
拔掉钥匙，将转向盘打到底能够锁住转向盘。
启动发动机，转动转向盘，电动助力转向工作正常，转向轻便。</td></tr>
</table>

<table>
<tr><th>图片示例</th><th>解析说明</th></tr>
<tr><td colspan="2">车内后视镜功能检查</td></tr>
<tr><td></td><td>如左图所示，车内后视镜应清晰，防眩目功能应正常。</td></tr>
<tr><td colspan="2">室内灯功能检查</td></tr>
<tr><td></td><td>如左图所示，室内灯灯罩应安装到位，无破损。
顶灯能够实现常亮、常灭及门控亮起功能。
门灯能够在打开车门时全部点亮，关闭时全部熄灭。</td></tr>
<tr><td colspan="2">遮阳板及顶棚检查</td></tr>
<tr><td></td><td>如左图所示，检查遮阳板表面有无破损，遮阳板能否自由放下和收起。
顶棚应装配牢靠，用手触摸无塌落迹象。</td></tr>
<tr><td colspan="2">玻璃升降/中控功能检查</td></tr>
<tr><td>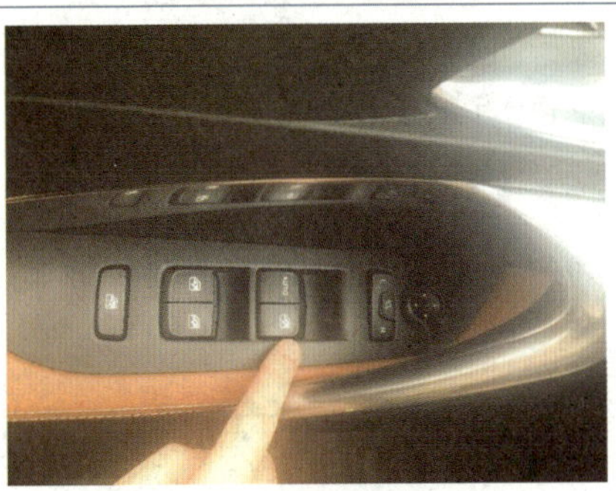</td><td>如左图所示，检查左前门玻璃升降器开关能否锁止或打开四个车窗，且同时有操控升降功能。</td></tr>
</table>

图片示例	解析说明
音响功能检查	
	如左图所示，打开收音机开关，选定频道，检查音响是否正常；将音量开到最大，不能有异常声音出现。 确保所有的扬声器都正常发声，插入CD碟片，确认能够正常读取、播放和退碟（请参考配置表选做）。 接入MP3/U盘，确认能够正常读取、播放。 检查音响数据线、多媒体SD卡，按照使用说明书操作，应无异常。
空调功能检查	
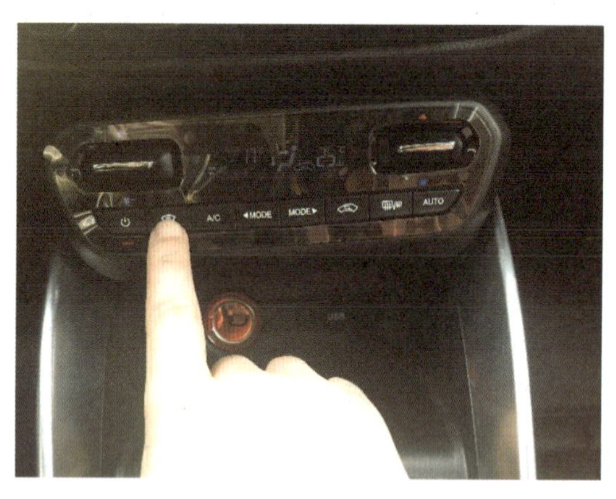	如左图所示，启动车辆，打开空调系统，将温度控制器设置为最冷模式，开启空调开关2min后，检查是否有冷风吹出。 不按压A/C开关，把旋钮调到暖风挡，检查是否有暖风吹出。 检查各出风口及风向开关是否正常工作。检查后排空调按钮功能是否正常，检查USB充电口工作是否正常，确认除霜、加热功能，检查风力开关是否正常工作，内外循环开关是否有效。
车内电源及点烟器检查	
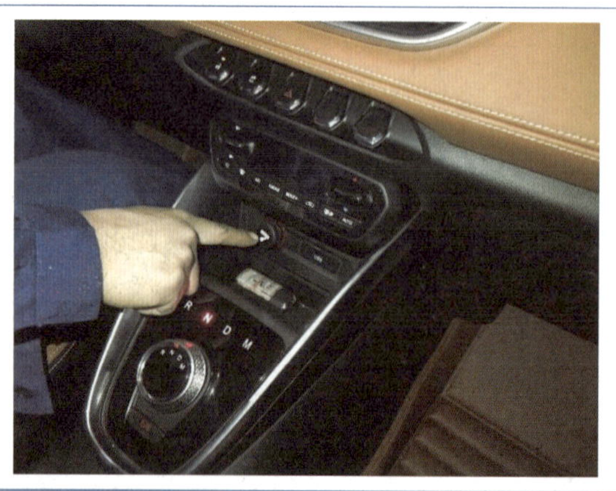	如左图所示，启动车辆以后，按压点烟器加热芯，经加热后，如果温度过高，点烟器应能向外弹出一定距离，但仍保持在点烟器孔中。 使用车载充电器测试电源孔是否正常供电。

图片示例	解析说明
手刹性能检查	
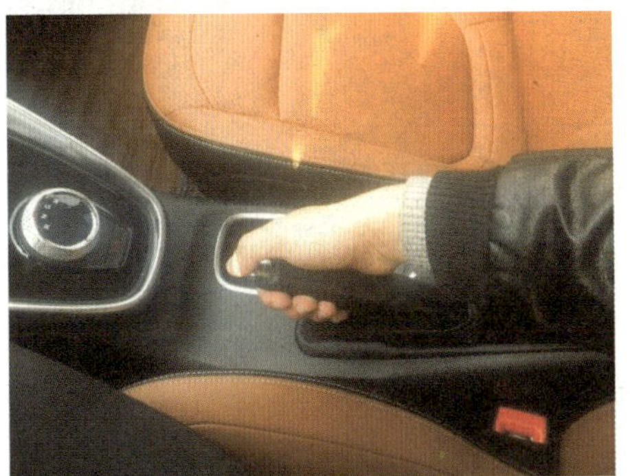	如左图所示，用力拉起手刹，会响起6～9声清脆的声音，并能顺利放下，车辆制动稳定正常。
中央杂物箱检查	
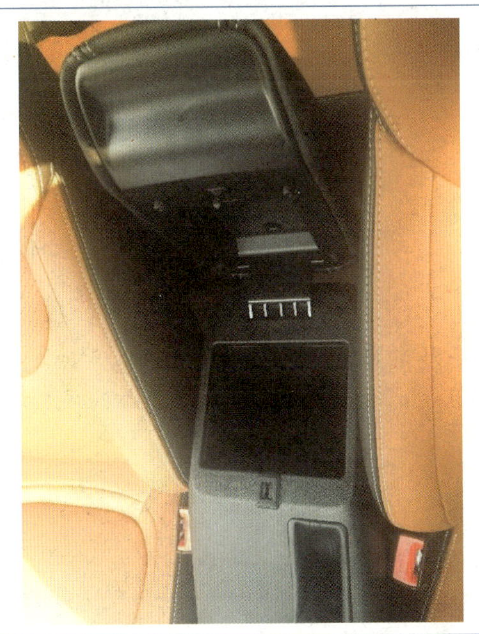	如左图所示，中央杂物箱应可以正常开启，内部干净，无异物存在。
内饰件外观检查	
	如左图所示，仪表台不允许有颜色变化；不允许有大于5mm的划伤；仪表台表面无剥落；转向盘、喇叭盖、中央杂物箱、换挡手柄、手刹手柄等外观应完好无明显色差。

图片示例	解析说明
车门及内饰板检查	
	确认各车门开启、锁闭是否正常。 确认各车门包括尾门开启按钮功能是否正常。 检查各车门内饰板有无划痕、脏污及变形。
座椅检查	
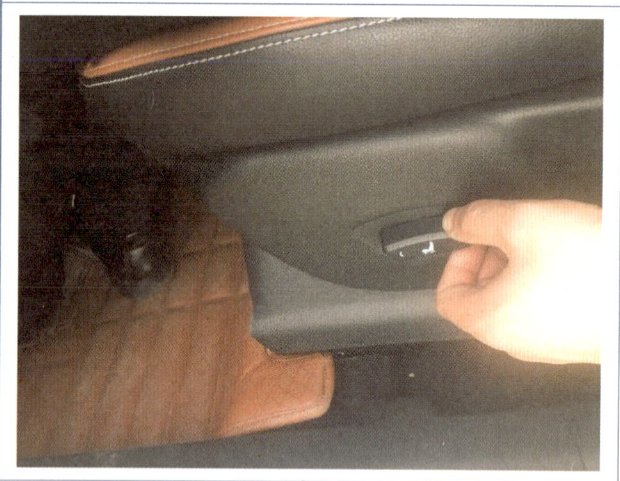	如左图所示，车辆内的座椅应能自如进行高低及前后调节。 座椅靠背能自由调节。
座椅表面检查	
	移除座椅运输保护套后，检查座椅表面有无脏污、破损、表面开裂现象。

<table>
<tr><th>图片示例</th><th>解析说明</th></tr>
<tr><td colspan="2">地毯检查</td></tr>
<tr><td>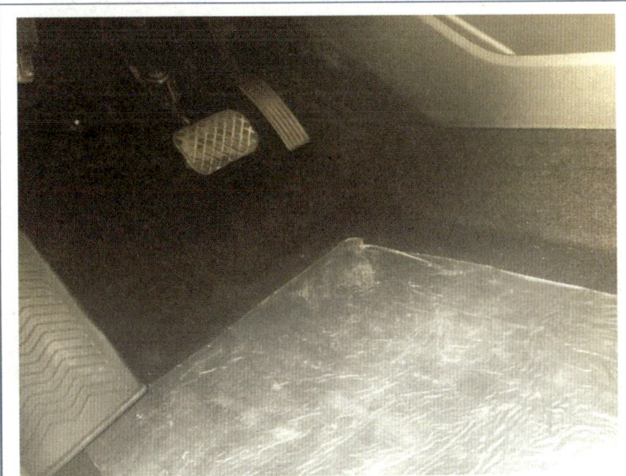</td><td>检查地毯有无脏污或破损，包括后备箱内的地毯检查。</td></tr>
<tr><td colspan="2">变速器挡位检查</td></tr>
<tr><td>
</td><td>● 保持发动机熄火。
● 换挡杆能在各挡位之间灵活转换。
● 有清晰的入挡感觉，无卡滞。</td></tr>
<tr><td colspan="2">离合器/制动/加速踏板检查</td></tr>
<tr><td></td><td>● 原地踩制动踏板应无干涉。
● 原地踩离合器踏板应无干涉。
● 原地踩加速踏板应无干涉。</td></tr>
</table>

发动机舱检查

发动机舱内的检查主要从各种油液的液位、管路等方面进行，发动机舱检查前需要做好车辆的防护工作。

<table>
<tr><th>图片示例</th><th>解析说明</th></tr>
<tr><td colspan="2">引擎盖及开关检查</td></tr>
<tr><td>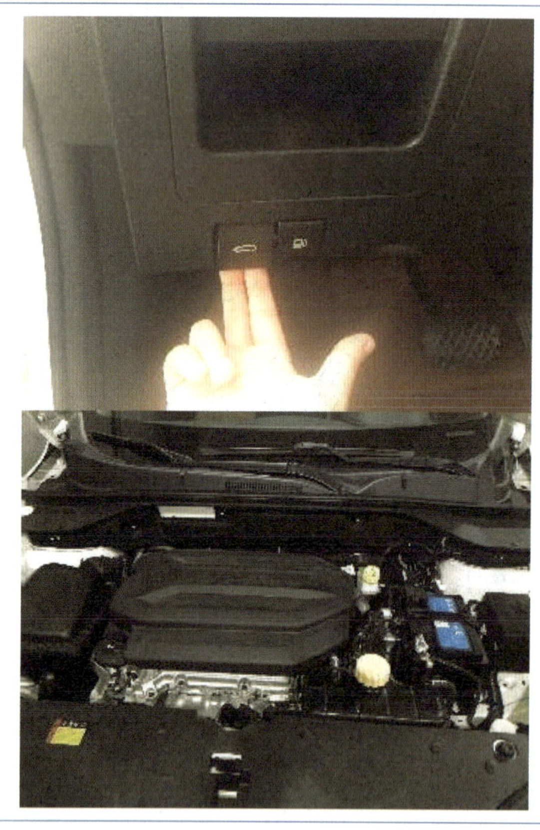</td><td>如左图所示，引擎盖扣手及盖锁连接可靠，打开方便。
关闭时，引擎盖与车身能够贴合到位。</td></tr>
<tr><td colspan="2">机油检查</td></tr>
<tr><td>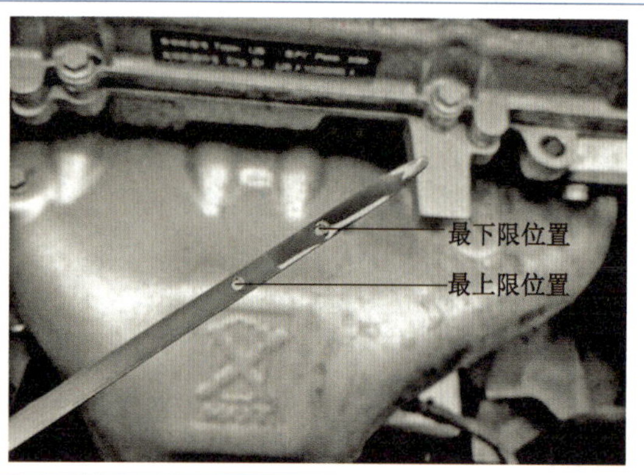</td><td>如左图所示，发动机熄火等待 3min，检查机油液位；取出机油尺，用抹布擦拭干净后再完全插入，然后重新取出机油尺，检查油量是否在规定范围内。
液量不足时，先检查管路是否有泄漏，然后补加或更换。</td></tr>
</table>

<table>
<tr><th>图片示例</th><th>解析说明</th></tr>
<tr><td colspan="2">制动液/冷却液/玻璃清洗液检查</td></tr>
<tr><td>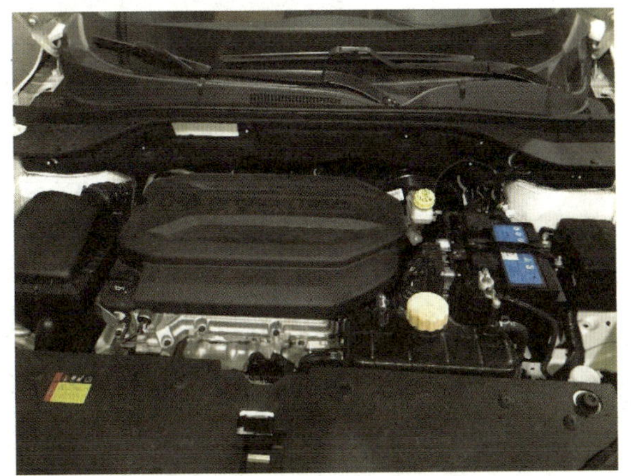</td><td>冷却液、制动液液面必须在最高刻度与最低刻度之间。
液量不足时，先检查管路是否有泄漏，然后补加或更换。</td></tr>
<tr><td colspan="2">发动机舱检查</td></tr>
<tr><td>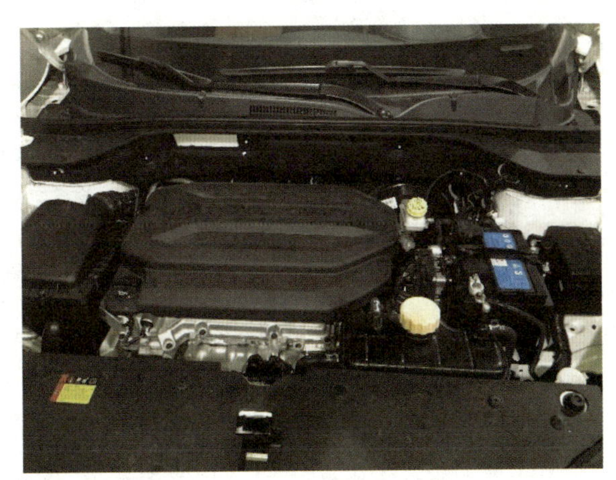</td><td>如左图所示，发动机舱内应清洁，无油污。线路及管路固定良好，管路卡夹固定良好，无松脱，无泄漏。
重点检查部位：油管、空调管、暖风水管、上下水管及真空管，其他部位按需检查。
燃油管路要重点观察，触摸是否漏油，闻发动机舱是否有汽油味。
检查加油口盖是否拧紧。
检查散热器总成表面是否有液体泄漏和翘曲。</td></tr>
<tr><td colspan="2">蓄电池检查</td></tr>
<tr><td></td><td>如左图所示，蓄电池应表面清洁、固定良好，正负极连接良好，充电状态良好，电量充足。
注意：如果是免维护蓄电池，则可通过观察孔查看充电情况。如果是普通蓄电池，则用比重计检查电解液比重来判断充电情况。</td></tr>
</table>

车辆举升检查

将车辆进行举升以后可以检查车底是否有碰伤，管路有无泄漏，各个连接球头是否有松动，车辆底部元件有无漏油。

图片示例	解析说明
排气系统检查	
	如左图所示，检查排气管固定连接是否可靠无松动；排气管各吊耳固定是否到位；排气管有无刮伤现象。
底盘各管路检查	
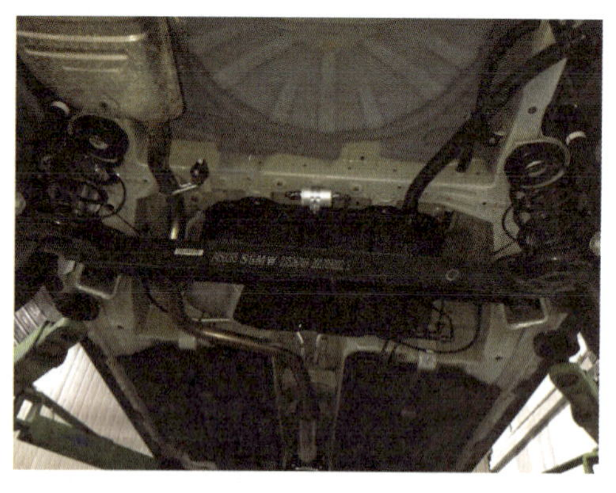	如左图所示，检查制动液管、燃油管（重点检查部位：燃油管路接头，管路固定夹）及碳罐真空管固定是否可靠。 管路应无弯曲破损且无相互干涉。 确认底盘相关线束连接及固定是否可靠（重点检查部位：线束接插头、线束固定夹），油箱固定是否良好，油箱表面及周围有无油渍。
传动轴/半轴检查	
	如左图所示，检查半轴两端应无油渍，半轴防尘套应无破损，固定到位；转向器周围应无油渍且防尘套应无破损，固定到位；观察底盘区域有无粘连胶带、塑料纸等附带的杂物。 传动轴安装螺栓、螺母应紧固到位，后桥应无油渍、无渗漏或漏油迹象，后桥螺栓、螺母应紧固到位。

<table>
<tr><th>图片示例</th><th>解析说明</th></tr>
<tr><td colspan="2">底盘螺栓检查</td></tr>
<tr><td>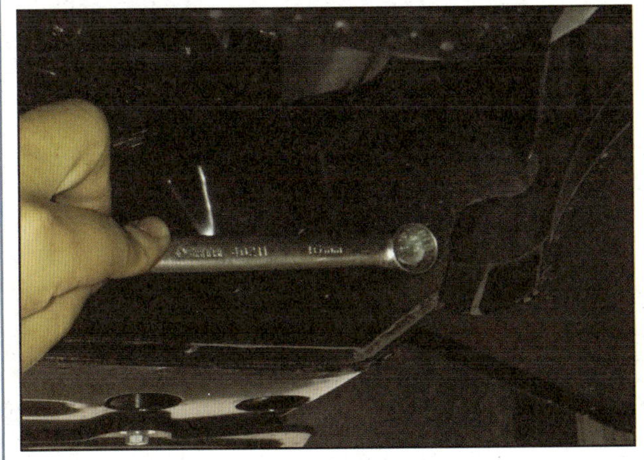</td><td>检查底盘螺栓是否存在异常。
● 检查各类护板是否松动，必要时进行紧固。
● 对底盘紧固螺栓进行检查，发现松动时要进行紧固作业。
● 紧固后减震器下螺栓，扭矩为 80～100N・m。
● 紧固后桥螺栓，扭矩为 130～180N・m。
● 紧固前下控制臂螺栓，扭矩为 110±10N・m。</td></tr>
<tr><td colspan="2">变速器外观检查</td></tr>
<tr><td></td><td>如左图所示，检查变速器油底壳应无油渍、无渗油或漏油迹象，且应无破损、无裂纹或开裂现象；确认油位检查螺栓应无渗油或漏油现象，紧固可靠。</td></tr>
</table>

7.1.4 PDI 的后续流程

车辆 PDI 工作结束后，技师要正确填写 PDI 检查表，对 PDI 过程中发现的问题要及时与服务顾问或技术主管进行沟通，以便对车辆进行进一步维修。

PDI 检查表填写

车辆 PDI 工作结束后，技师要正确填写 PDI 检查表。

图片示例	解析说明
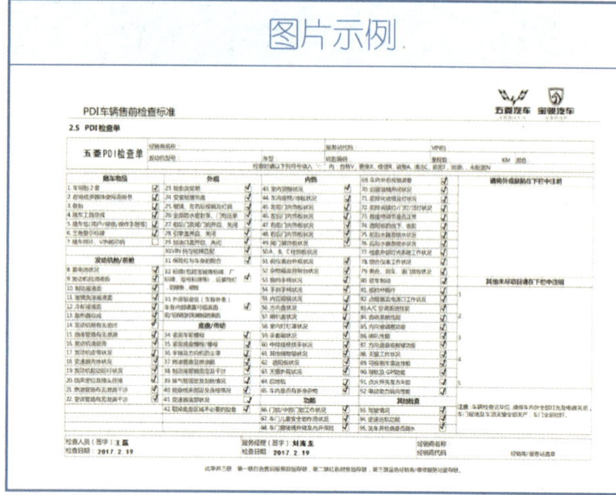 五菱汽车 宝骏汽车 PDI车辆售前检查标准 2.5 PDI检查单 五菱PDI检查单	技师应根据 PDI 检查的结果如实填写 PDI 检查表，对于检查正常的元件或功能打“√”，对于有问题的打“×”，并在后方加以说明。 技师要在 PDI 表格最后两栏中填写检查日期并签字确认。

PDI 问题处理

技师在 PDI 过程中发现的问题需要与服务顾问或技术主管进行沟通，方便对车辆进行维修处理。

图片示例	解析说明
PDI 问题处理	
	如果有一个或几个项目不合格，且在检查表中没有相关条目，技师需要将其补充填写在 PDI 检查表右侧栏目中，填写完 PDI 检查表后，将 PDI 检查表交予服务顾问，并向其说明 PDI 过程中发现的问题。
车辆入库前作业	
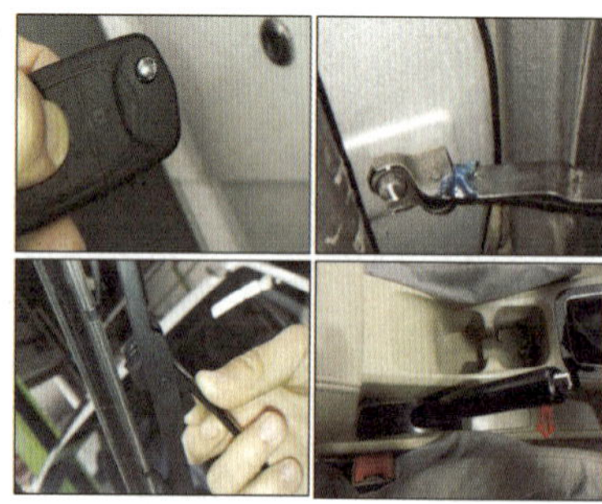	车辆入库之前还需要进行以下车辆操作。 ● 将雨刷臂竖起。 ● 对发动机/前舱盖、尾门盖、车门铰链及锁扣/撑杆部位进行润滑。 ● 对车门及尾门胶条等部件涂防护油，防止材质老化。 ● 在锁车前确认所有电气设备均已关闭。 ● 库存车不应拉手刹（以免手刹拉线系统及制动盘出现咬死状况）。 ● 库存车必须拆下蓄电池负极，以免跑电。

7.2 课后练习

一、单项选择题：

1．以下对 PDI 的解释说法，描述正确的是（　　）。

A．PDI 是五菱汽车服务产品的一部分，是车辆交付给客户前的质量检查

B．PDI 是五菱汽车服务产品的一部分，是车辆交付给客户后的质量检查

C．PDI 是五菱汽车服务产品的一部分，是车辆保养检查

D．PDI 是五菱汽车服务产品的一部分，是车辆维修后的满意度调查

2．五菱宝骏汽车在进行 PDI 检查时，发现车辆蓄电池状态结论为异常，准确的操作是（　　）。

A．直接更换蓄电池

B．先对蓄电池充电，再进行检查，如果依然显示异常，更换蓄电池

C．充电之后即恢复正常

D．新车不可能有问题，直接忽略

3．对车身外表面的检查中，以下可以接受的状况是（　　）。

A．油漆表面锈斑、凹凸点及划伤

B．生锈、脱落、裂纹、露底

C．钣金凹凸（不含焊点）

D．车身无明显色差

二、多项选择题：

1．PDI 前的准备工作有（　　）。

A．PDI 人员的准备

B．PDI 场地的准备

C．PDI 所需工具的准备

D．PDI 车辆的准备

2．发动机舱 PDI 内容包含（　　）。

A．液位检查

B．蓄电池检查

C．发动机舱管路检查

D．灯光检查

三、问答题：

1．五菱宝骏汽车进行 PDI 的目的是什么？

四、思考与讨论：

1．五菱宝骏汽车 PDI 检查项目和保养检查项目的区别和联系是什么，如何进行操作？

汽车保养与维护

工作页

目 录

活动 1　保养前的准备

活动目标：学员能够在车辆保养前做好相关准备工作

活动时长：2 课时

活动物料：双柱式举升机 1 台、气管 1 个、常用工具 1 套、维修工单 1 份、机油 1 桶、机油滤芯 1 个、空气滤芯 1 个、空调滤芯 1 个、23 项保养流程表 1 份

【任务 1】车辆在驶入工位前，保持工位的地面干净无异物。 □完成

【任务 2】气管收回到位。 □完成

【任务 3】工具车及配件车摆放整齐，并放到指定位置。 □完成

【任务 4】工具摆放整齐。 □完成

【任务 5】按照维修工单保养项目提前准备好配件、物料，并摆放整齐。 □完成

【任务 6】举升机检查。 □完成

<table>
<tr><td>任务名称</td><td colspan="5">举升机检查</td></tr>
<tr><td>班　级</td><td></td><td>学　号</td><td></td><td>姓　名</td><td></td></tr>
<tr><td>地　点</td><td colspan="2"></td><td>日　期</td><td colspan="2"></td></tr>
<tr><td>序号</td><td colspan="2">作业内容</td><td>检查结果</td><td colspan="2">备　注</td></tr>
<tr><td>1</td><td colspan="2">清理工位，检查举升机</td><td>□正　常
□不正常</td><td colspan="2"></td></tr>
<tr><td>2</td><td colspan="2">空载试验</td><td>□正　常
□不正常</td><td colspan="2"></td></tr>
<tr><td>3</td><td colspan="2">举升汽车</td><td>□正　常
□不正常</td><td colspan="2"></td></tr>
</table>

【任务 7】量具的使用。 □完成

序号	**作业内容**	**千分尺的操作要点**
1	零位校准	
2	测量	
3	读数	例如：5+0.5+45×0.01=5.95mm 或 5.5+45×0.01=5.95mm 你的测量结果是： 1. ________+________=________ 2. ________+________=________

续表

序号	作业内容	千分尺的操作要点
4	清洁整理	

序号	作业内容	胎压表的操作要点
1	零位校准	
2	测量	
3	读数	你的测量结果是： 1. ________________ 2. ________________（注意单位）
4	清洁整理	

序号	作业内容	扭矩扳手的操作要点
1	零位校准	
2	预置扭矩	你的读数是： 1. ________________ 2. ________________（注意单位）
3	设置旋向	
4	清洁整理	

【任务 8】讨论并总结车辆保养前的准备工作对车辆保养有什么作用？

记录要点信息：

活动 2　车辆外部防护、车辆内部防护

活动目标：使学员可以正确做好车辆防护

活动时长：0.5 课时

活动物料：车辆 1 台、翼子板护罩 1 套、汽车四件套 1 套、23 项保养流程表 1 份

【任务 1】在驾驶员位置的地毯上铺上脚垫。 □完成

【任务 2】在转向盘上套上转向盘保护套。 □完成

【任务 3】在挡位上套上挡位保护套。 □完成

【任务 4】在座椅上套上座椅保护套。 □完成

【任务 5】在翼子板上铺上翼子板护罩。 □完成

【任务 6】小组内讨论为什么需要对车辆内部、外部进行防护？

记录要点信息：

活动 3　发动机舱线路、水管及油管的检查

活动目标：

★ 能够对发动机舱线路进行正确检查

★ 能够对水管进行正确检查

★ 能够对油管进行正确检查

活动时长：0.5 课时

活动物料：车辆 1 台、常用工具 1 套（套筒组件、扳手、螺丝刀、钳子、锤子组件）

【任务 1】在汽车发动机舱中找到相对应的实物。

【任务 2】讨论在检查线路时需要注意的要点是什么？为什么需要对线路进行检查？

【任务 3】讨论在检查水管时需要注意的要点是什么？为什么需要对水管进行检查？

【任务 4】讨论在检查油管时需要注意的要点是什么？为什么需要对油管进行检查？

记录要点信息：

活动 4　机油液位检查、更换机油滤芯

活动目标：

★ 能够正确检查机油液位

★ 能够按照正规步骤更换机油滤芯

活动时长：2 课时

活动物料：车辆 1 台、常用工具 1 套（套筒组件、扳手、钳子、滤芯扳手、扭矩扳手组件）、机油收集器 1 台、机油滤芯 1 个、机油（专用 5W-30 合成机油）1 桶、线布若干、双柱式举升机 1 台

【任务 1】确定车辆挡位在空挡位置、拉紧驻车制动器。 □完成

【任务 2】启动车辆 10～15min，对发动机机油进行预热。 □完成

【任务 3】打开发动机舱盖。 □完成

【任务 4】将机油尺从导管中拔出，并使用吸油纸将机油尺下端擦拭干净。 □完成

【任务 5】将机油尺插入导管，安装到位。 □完成

【任务 6】将机油尺从导管中拔出，查看机油液位是否在上限和下限之间。 □完成

【任务 7】将机油尺插入导管，安装到位。 □完成

【任务 8】打开发动机加油口盖，并讨论为什么在排放机油时需要打开加油口盖？

【任务 9】在老师的引导下，使用举升机缓慢举升车辆至合适高度，并锁定举升机安全锁。 □完成

【任务 10】将机油收集器放在发动机放油口正下方，使用合适的扳手旋松放油螺栓，并排放机油。 □完成

【任务 11】使用吸油纸将放油螺栓擦拭干净，等待机油排放干净。 □完成

【任务 12】安装放油螺栓，并使用扭矩扳手将放油螺栓旋紧至（25±5）N·m。 □完成

【任务 13】使用吸油纸将放油螺栓周围擦拭干净。 □完成

【任务 14】使用滤芯扳手将机油滤芯旋下，在新的机油滤芯密封圈上涂上薄薄的机油，并将新滤芯安装到位，旋紧至（20±2）N·m。 □完成

【任务 15】使用吸油纸将机油滤芯周围擦拭干净。 □完成

【任务 16】将机油收集器放置在安全区域。 □完成

【任务 17】将车辆缓慢落在地面上。 □完成

【任务 18】从机油加注口加注机油（3.5L）。 □完成

【任务 19】安装机油加油口盖。 □完成

【任务 20】启动车辆 5～10min，预热发动机机油，然后关闭发动机。 □完成

【任务 21】拔出机油尺，查看机油液位是否位于上限和下限之间。如果低于下限，添加 0.5L 机油，再次查看；如果高于上限，排放 0.5L 机油，再次查看。 □完成

记录要点信息：

____

____

____

活动 5　冷却液位检查、冰点检查、泄放冷却液、加注冷却液

活动目标：

★ 能够正确检查冷却液液位及冰点

★ 能够正确实施冷却液的排放与加注

活动时长：2 课时

活动物料：车辆 1 台、冷却液（8L）、常用工具 1 套（套筒组件、扳手、钳子组件）、接水盘 1 个、线布若干、双柱式举升机 1 台、冰点检测仪 1 个、纸板 1 个

【任务 1】打开冷却液加注口盖，使用冰点检测仪检测冷却液冰点。 ☐完成

【任务 2】讨论为什么需要冰点检测仪检测冷却液冰点？

【任务 3】将冷却液压力盖从散热器储液罐上拆下。 ☐完成

【任务 4】在老师的指导下支撑并举升车辆至适当高度。 ☐完成

【任务 5】在散热器放水螺栓下放置接水盘。 ☐完成

【任务 6】在散热器放水螺栓下放置引流纸板，用以将防冻液直接引到接水盘中，以免污染前部线束等部件。 ☐完成

【任务 7】松开散热器放水螺栓。 ☐完成

【任务 8】排空冷却系统后，旋紧散热器放水螺栓。 ☐完成

【任务 9】将车辆降落至地面。 ☐完成

【任务 10】从冷却液加注口缓慢地加注冷却液，直至冷却液液位达到散热器储液罐上下限刻度内。 ☐完成

【任务 11】使冷却液液位稳定 30s，并继续加注冷却液至加注口颈直到液位稳定至少 2min。 ☐完成

【任务 12】启动发动机并在施加驻车制动器接合的情况下，使发动机在驻车挡（P）或空挡（N）怠速。 □完成

【任务 13】缓慢地加注冷却液，直至液位稳定在散热器储液罐的上下限刻度内。 □完成

【任务 14】安装冷却液压力盖。 □完成

【任务 15】将发动机转速提高至 2500r/min，直到发动机达到正常温度，风扇开始工作。 □完成

【任务 16】关闭发动机。 □完成

【任务 17】观察冷却液液位是否处于上限和下限之间，如果低于下限，等待发动机冷却后，添加冷却液至上限和下限之间。 □完成

【任务 18】讨论更换冷却液后，为什么需要启动车辆使冷却液循环到正常温度？

记录要点信息：

活动 6　空气滤清器检查、更换，节气门检查、清洁

活动目标：

★ 能够正确更换空气滤清器

★ 能够按照正确方法清洁节气门

活动时长：1 课时

活动物料：车辆 1 台、常用工具 1 套（套筒组件、扳手、螺丝刀、扭矩扳手组件）、节气门清洗剂若干、空气滤芯 1 个、绒布若干、翼子板护罩 4 套、吹尘枪 1 把

【任务 1】找到空气滤芯和节气门的位置。　□完成

【任务 2】使用十字螺丝刀拆下空气滤清器上壳。　□完成

【任务 3】将空气滤芯拿出后，使用吹尘枪清除空气滤清器下壳内的灰尘，注意不要使灰尘进入进气管道。　□完成

【任务 4】检查空气滤芯是否灰尘过多，如果过多，则更换空气滤清器。　□完成

【任务 5】使用十字螺丝刀安装空气滤芯。　□完成

【任务 6】使用十字螺丝刀拆下节气门前的进气软管。　□完成

【任务 7】断开节气门线束插头。　□完成

【任务 8】使用合适的工具拆下节气门固定螺栓，并使用棉布将进气歧管进气口堵住，避免异物进入进气歧管中。　□完成

【任务 9】使用节气门清洗剂对节气门脏污部位进行喷射清洗，并使用绒布擦拭干净。　□完成

【任务 10】将进气歧管内的棉布拿出，使用合适的工具将节气门安装到位，并使用扭矩扳手将节气门固定螺栓紧固至（10±2）N·m。　□完成

【任务 11】安装进气软管。　□完成

【任务 12】讨论为什么需要对节气门进行清洁？

记录要点信息：

活动7　排气管外观检查、吊耳检查

活动目标：能够对排气管和吊耳进行故障排查

活动时长：0.5课时

活动物料：双柱式举升机1台、车辆1台、常用工具1套（套筒组件、扳手、钳子组件）

【任务1】检查吊耳是否老化、开裂。 □完成

【任务2】检查吊耳是否安装到位。 □完成

【任务3】讨论并记录如果吊耳没有安装到位，会有哪些影响？

【任务4】检查排气管各端面是否腐蚀、锈蚀。 □完成

【任务5】讨论并记录如果排气管腐蚀、锈蚀严重，可能会产生哪些影响？

记录要点信息：

活动 8　燃油系统外观泄漏检测、更换滤清器

活动目标：能够正确更换燃油滤清器

活动时长：1 课时

活动物料：车辆 1 台、双柱式举升机 1 台、燃油滤清器 1 个、尖嘴钳子 1 把、十字螺丝刀 1 把、绒布若干

【任务 1】在老师的引导下，将车辆移动到双柱式举升机处。 ☐完成

【任务 2】在发动机舱熔断器盒中找到燃油泵熔断器，并使用尖嘴钳子将熔断器拔出。 ☐完成

【任务 3】启动车辆，直到车辆自燃熄火后，检查发动机舱中的燃油管路是否有漏油、渗油的现象。 ☐完成

【任务 4】讨论在更换燃油滤清器之前为什么需要拔掉燃油泵熔断器并启动车辆，直到车辆自燃熄火？

【任务 5】在老师的指引下，举升车辆至合适高度，并锁定举升机安全锁。 ☐完成

【任务 6】检查管路是否存在漏油、渗油现象。 ☐完成

【任务 7】使用十字螺丝刀拆下燃油箱后部的燃油滤芯，并更换新的燃油滤芯。 ☐完成

【任务 8】检查燃油滤芯接头是否连接牢靠，并使用绒布将燃油滤芯接头处的油迹擦拭干净。 ☐完成

【任务 9】将车辆落在地面上，并安装燃油熔断器。 ☐完成

【任务 10】将点火开关打开、关闭 3～5 次，每次停留 3～5s。 ☐完成

【任务 11】启动车辆，关闭车辆。 ☐完成

【任务 12】讨论为什么在更换燃油滤清器后，需要重复打开、关闭点火开关多次？

记录要点信息：

活动 9　火花塞的检查、更换

活动目标：能够按照正确方法检查和更换火花塞

活动时长：1 课时

活动物料：车辆 1 台、常用工具 1 套（套筒组件、扭矩扳手、组件）、磁力棒 1 个、火花塞 4 个、塞尺 1 把、吹尘枪 1 把、线布若干

【任务 1】拔下点火线圈插头。　□完成

【任务 2】使用合适的工具拆下点火线圈螺栓。　□完成

【任务 3】拔出点火线圈。　□完成

【任务 4】使用合适的工具拆下火花塞。　□完成

【任务 5】使用磁力棒将火花塞吸出。　□完成

【任务 6】检查火花塞端部是否积碳过多，火花塞是否有裂痕。　□完成

【任务 7】使用塞尺测量火花塞间隙是否在 0.8～0.9mm。　□完成

【任务 8】讨论如果火花塞间隙过大或过小，对发动机有什么影响？

【任务 9】使用吹尘枪清理火花塞安装孔。　□完成

【任务 10】使用合适的工具安装火花塞，拧紧扭矩为（23±3）N·m。　□完成

【任务 11】使用合适的工具安装点火线圈，拧紧扭矩为（10±2）N·m。　□完成

【任务 12】连接点火线圈插头，并确认连接牢靠。　□完成

记录要点信息：

活动 10　发动机皮带张力、外观检查

活动目标：能够对发动机皮带进行正确检查

活动时长：0.5 课时

活动物料：车辆 1 台、常用工具 1 套（套筒组件、扳手、钳子组件）

【任务 1】检查皮带外观是否开裂、老化、损坏。 □完成

【任务 2】讨论检查皮带外观是否开裂、老化、损坏的目的是什么？

记录要点信息：

活动 11　发动机舱的清洁

活动目标： 能够按照正确的方法对发动机舱进行清洁

活动时长： 0.5 课时

活动物料： 车辆 1 台、吹尘枪 1 把、绒布若干、发动机舱专用清洁剂若干、翼子板护罩 1 套

【任务 1】打开发动机舱盖，并铺上翼子板护罩。　□完成

【任务 2】在老师的引导下，对发动机舱进行清理。　□完成

【任务 3】在老师的引导下，将专用清洁剂喷在发动机舱表面，等待 5min 后，使用绒布对发动机舱进行清洁。　□完成

记录要点信息：

____

____

____

活动 12　手动变速器的保养与检查

活动目标：能够按照正确的方法对手动变速器进行保养和检查

活动时长：2 课时

活动物料：手动变速器车辆 1 台、双柱式举升机 1 台、变速器油（SAE75W/90）2L、线布若干、常用工具 1 套（套筒组件、扭矩扳手、钳子组件）、加油机 1 个、清洁剂若干、集油器 1 个

【任务 1】检查变速器通气孔帽（变速器上方）是否活动自如。 □完成

【任务 2】小组内讨论为什么需要检查变速器通气孔？

【任务 3】在老师的指导下，举升车辆，并锁定安全锁。 □完成

【任务 4】检查变速器外观是否有漏油、渗油的痕迹。 □完成

【任务 5】检查变速器外观是否有严重磕碰、变形的痕迹。 □完成

【任务 6】使用合适的工具检查变速器与发动机的连接螺栓是否牢靠，紧固扭矩（　　）N·m。 □完成

【任务 7】使用合适的工具检查变速器与变速器左悬置的连接螺栓是否牢靠，紧固扭矩（　　）N·m。 □完成

【任务 8】使用合适的工具检查变速器左悬置与车身的连接是否牢靠，紧固扭矩（　　）N·m。 □完成

【任务 9】使用合适的工具检查变速器后支座至支架螺栓的连接是否牢靠，紧固扭矩（　　）N·m。 □完成

【任务 10】使用合适的工具检查变速器后支座至车身螺栓的连接是否牢靠，紧固扭矩（　　）N·m。 □完成

【任务 11】使用合适的工具检查变速器后支座托架至变速器螺栓的连接是否牢靠，紧固扭矩（　　）N·m。 □完成

【任务 12】小组内讨论为什么需要对变速器的连接螺栓进行紧固？

【任务 13】使用合适的工具拆下变速器加油螺栓。 □完成

【任务 14】观察变速器油是否与加油孔平齐。 □完成

【任务 15】小组内讨论如果变速器油位过低，可能导致哪些情况？

【任务 16】使用合适的工具拆下变速器放油螺栓，将变速器油排放到集油器内。 □完成

【任务 17】使用合适的工具安装放油螺栓和新的垫片，并用扭矩扳手紧到规定扭矩。 □完成

【任务 18】小组内讨论为什么需要更换新的垫片？

【任务 19】将变速器油倒入加注机，从加油口加注变速器油。 □完成

【任务 20】当变速器油与加油口平齐时，安装加油螺栓。 □完成

记录要点信息：

活动 13　自动变速器的保养与检查

活动目标：能够按照正确的方法对自动变速器进行保养和检查

活动时长：3 课时

活动物料：自动变速器车辆 1 台、双柱式举升机 1 台、变速器油（Pentosin FF-2）6.5L、线布若干、常用工具 1 套（套筒组件、扭矩扳手、钳子组件）、加油机 1 个、清洁剂若干、集油器 1 个、放油螺栓 1 个、垫片 1 个、手套 1 副

【任务 1】检查变速器上部是否有油迹。 □完成

【任务 2】检查变速器与发动机连接处是否有油迹。 □完成

【任务 3】检查变速器后部是否有油迹。 □完成

【任务 4】检查变速器底部是否有油迹。 □完成

【任务 5】检查变速器底部是否破损。 □完成

【任务 6】使用合适的工具检查与变速器连接的螺栓是否牢靠，并按规定扭矩紧固。 □完成

【任务 7】小组内讨论为什么需要对变速器的连接螺栓进行紧固？

【任务 8】使用合适的工具拆下变速器加油螺栓。 □完成

【任务 9】观察变速器油是否与加油口平齐。 □完成

【任务 10】小组内讨论如果变速器油位过低，可能导致哪些情况？

【任务 11】使用合适的工具拆下变速器放油螺栓，将变速器油排放到集油器内。 □完成

【任务 12】使用合适的工具安装放油螺栓和新的垫片，并用扭矩扳手紧固到规定扭矩。 □完成

【任务 13】小组内讨论为什么需要更换新的垫片？

【任务 14】将变速器油倒入加注机，从加油口加注变速器油。 □完成

【任务 15】当变速器油与加油口平齐时，安装加油螺栓。 □完成

【任务 16】使用合适的工具安装加油螺栓和新的垫片，并用扭矩扳手紧到规定扭矩。 □完成

【任务 17】降下车辆。 □完成

记录要点信息：

活动 14　转向系统的检查与维护

活动目标：能够对转向系统进行正确的全面检查

活动时长：2 课时

活动物料：双柱式举升机 1 台、车辆 1 台、常用工具 1 套（套筒组件、扳手、螺丝刀、钳子、锤子组件）、手套 1 副、线布若干

【任务 1】转向盘可以正常锁定、解锁。	□完成
【任务 2】转向盘调节功能正常。	□完成
【任务 3】举升车辆至合适高度。	□完成
【任务 4】手持车轮两侧的外边缘，左右轻微晃动，正常应该间隙很小，且没有“咯噔”的金属撞击声。	□完成
【任务 5】检查内拉杆球头防尘套是否开裂。防尘套开裂可进行更换。	□完成
【任务 6】检查拉杆球头防尘套是否漏油。	□完成

记录要点信息：

____

____

____

活动 15　制动系统的检查与维护

活动目标：能够对制动系统进行全面检查

活动时长：3 课时

活动物料：双柱式举升机 1 台、车辆 1 台、制动液检测仪 1 个、游标卡尺 1 把、常用工具 1 套（套筒组件、扳手、螺丝刀、钳子、锤子组件）、制动液若干、线布若干

【任务 1】拉紧驻车制动器手柄，正常能听到 6、7 个齿的响声。如果听到的响声过多、过低则执行调整。 □完成

【任务 2】打开发动机舱盖。 □完成

【任务 3】在不打开制动液壶盖的状态下，检查制动液的液面是否处于上限与下限之间。 □完成

【任务 4】讨论如果制动液液位低于最低限度，应如何操作？

【任务 5】打开制动液加注口盖，观察制动液是否污染严重，如严重则进行更换。 □完成

【任务 6】讨论打开制动液加注口盖，应注意哪些事项？

【任务 7】使用制动液检测仪检查制动液是否变质。 □完成

【任务 8】在发动机熄火的状态下，连续踩下制动踏板 5 次以上，直到没有真空助力为止。 □完成

【任务 9】用手轻轻压下制动踏板，直到有阻力为止，测量制动踏板的高低（制动踏板的自由行程合理范围为：0～30mm，如果制动踏板不回位或制动踏板行程变长，则表明制动系统可能有故障）。 □完成

【任务 10】举升车辆至合适高度。 □完成

【任务 11】使用合适的工具拆下四轮轮胎。 □完成

【任务 12】检查制动片。 □完成

【任务 13】讨论当制动片厚度小于多少时需要更换？

【任务 14】用外径千分尺测量并记录制动盘圆周上均匀分布的 4 个或更多个点的最小厚度（如果制动盘的最小厚度测量值等于或低于报废厚度规格，则制动盘需要更换）。 □完成

【任务 15】检查制动盘摩擦面是否存在严重锈蚀、开裂、变蓝（如果制动盘摩擦面出现上述一种或几种状况，则制动盘需要表面修整或更换）。 □完成

【任务 16】检查制动片。 □完成

【任务 17】目视检查所有制动管是否存在起包、扭结、接头泄漏、与其他地方有干涉的情况（如果有任何制动管出现上述状况，则需要更换相应的一个或多个制动管）。 □完成

【任务 18】降下车辆并关闭发动机舱盖。 □完成

记录要点信息：

活动 16　悬架的检查

活动目标：能够对悬架进行正确检查

活动时长：1.5 课时

活动物料：车辆 1 台、常用工具 1 套（套筒组件、扭矩扳手、螺丝刀、钳子）、手电筒 1 个、绒布若干

【任务 1】使用合适的工具对前悬挂各个连接螺栓按规定扭矩进行紧固。　□完成

【任务 2】检查两前减震器有无漏油或变形。　□完成

【任务 3】检查平衡杆外观是否变形。　□完成

【任务 4】检查转向节臂有无变形。　□完成

【任务 5】检查下控制臂有无松动或胶套开裂。　□完成

【任务 6】检查稳定杆连杆球头有无松动，用手上下晃动，应无间隙感。　□完成

【任务 7】使用合适的工具对后悬挂各个连接螺栓按规定扭矩进行紧固。　□完成

【任务 8】检查两后减震器有无漏油或变形。　□完成

【任务 9】检查后桥有无变形。　□完成

记录要点信息：

____

____

____

活动 17　车轮与轮胎的检查与维护

活动目标：能够对车轮和轮胎进行正确检查

活动时长：1.5 课时

活动物料：车辆 1 台、常用工具 1 套（套筒组件、扭矩扳手、螺丝刀、钳子）

【任务 1】松开车轮固定螺栓。 □完成

【任务 2】举升车辆至合适位置。 □完成

【任务 3】在轮胎和轮毂上做好标记。 □完成

【任务 4】拆下车轮固定螺栓。 □完成

【任务 5】拆下车轮轮胎。 □完成

【任务 6】如果将螺栓拆卸后，轮胎无法拆下，应如何处理？

【任务 7】检查轮胎胎面是否出现异常磨损情况。 □完成

【任务 8】检查轮胎的侧壁是否有鼓包。 □完成

【任务 9】检查轮胎的侧壁或胎面是否有开裂。 □完成

【任务 10】检查轮胎是否有异物扎入。 □完成

【任务 11】检查轮胎花纹深度。 □完成

【任务 12】检查轮毂的外侧是否有严重外伤。 □完成

【任务 13】检查轮毂的内侧是否有严重外伤或开裂。 □完成

【任务 14】用气压表检查轮胎气压，气压应该符合推荐值。 □完成

【任务 15】用肥皂水涂抹气门嘴，检查是否有泄漏。 □完成

【任务 16】使用合适的工具安装车轮轮胎。 □完成

【任务 17】降下车辆。 □完成

记录要点信息：

___

___

___

活动 18　传动轴和半轴的检查与维护

活动目标：能够对传动轴和半轴进行全面检查

活动时长：1.5 课时

活动物料：S3 车辆 1 台、手套 1 副

【任务 1】使用合适的工具检查传动轴的各连接螺栓是否松动。　□完成

【任务 2】传动轴外观无损伤。　□完成

【任务 3】传动轴胶套无老化、无外伤。　□完成

【任务 4】半轴防尘套无老化破损现象。　□完成

【任务 5】半轴油封处无渗油、漏油现象。　□完成

【任务 6】半轴外观无外伤。　□完成

记录要点信息：

____

____

____

活动 19　差速器的检查与维护

活动目标：能够对差速器进行检查和更换油液

活动时长：2 课时

活动物料：S3 车辆 1 台、常用工具 1 套（套筒组件、扳手、螺丝刀、钳子）、加油机 1 个、差速器油液 2 桶、线布若干、手套 1 副

【任务 1】举升车辆至合适的高度。 □完成

【任务 2】使用合适的工具检查差速器各个连接螺栓有无松动。 □完成

【任务 3】检查差速器是否有严重外伤。 □完成

【任务 4】检查差速器油封有无漏油现象。 □完成

【任务 5】使用合适的工具将加油螺栓拆下。 □完成

【任务 6】检查油液是否从加油口断续流出。 □完成

【任务 7】使用合适的工具将放油螺栓旋出，使用集油器进行收集。 □完成

【任务 8】当油液完全流净后，安装放油螺栓，拧紧至规定扭矩。 □完成

【任务 9】将专用差速器油加入加油机，使用加油机从加油口处给差速器加注油液。 □完成

【任务 10】当油液从加油口流出时，安装加油螺栓。 □完成

【任务 11】使用合适的工具将加油螺栓拧紧至规定扭矩。 □完成

【任务 12】使用绒布将加油口周围油迹清理干净。 □完成

【任务 13】降下车辆。 □完成

记录要点信息：

活动 20　紧固底盘螺栓

活动目标：能够按规定扭矩对底盘螺栓进行紧固

活动时长：1 课时

活动物料：车辆 1 台、常用工具 1 套（套筒组件、扳手、螺丝刀、钳子、锤子组件）

【任务 1】举升车辆至合适的高度。 □完成

【任务 2】使用合适的工具紧固前副车架与前大梁连接螺母（前点）（　　）N·m。 □完成

【任务 3】使用合适的工具紧固前副车架与前大梁连接螺栓（后点）（　　）N·m。 □完成

【任务 4】使用合适的工具紧固稳定杆连杆至稳定杆连接螺母（　　）N·m。 □完成

【任务 5】使用合适的工具紧固转向器至前副车架连接螺栓（　　）N·m。 □完成

【任务 6】使用合适的工具紧固前下摆臂与副车架连接螺栓/螺母（前点）（　　）N·m。 □完成

【任务 7】使用合适的工具紧固前下摆臂与副车架连接螺栓/螺母（后点）（　　）N·m。 □完成

【任务 8】使用合适的工具紧固前下摆臂球头销夹紧连接螺栓（　　）N·m。 □完成

【任务 9】使用合适的工具紧固后减振器与后扭转梁连接螺栓（　　）N·m。 □完成

【任务 10】使用合适的工具紧固后减振器与车身连接螺栓（　　）N·m。 □完成

【任务 11】使用合适的工具紧固后扭转梁与车身连接螺栓（　　）N·m。 □完成

【任务 12】使用合适的工具紧固后轮毂与后扭转梁连接螺栓（　　）N·m。 □完成

【任务 13】使用合适的工具紧固后减振器上支座与后减振器螺杆连接螺栓（　　）N·m。 □完成

【任务 14】降落车辆。 □完成

记录要点信息：

____

____

____

活动 21　蓄电池的检查

活动目标： 学员能够对蓄电池进行正确检查

活动时长： 0.5 课时

活动物料： 车辆 1 台、蓄电池检测仪 1 个、万用表 1 个

【任务 1】检查蓄电池的固定是否松动。 □完成

【任务 2】检查蓄电池是否出现鼓包、漏液、壳体变形等情况。 □完成

【任务 3】检查蓄电池桩头腐蚀等情况。 □完成

【任务 4】使用专用的蓄电池检测仪对蓄电池性能进行测试。 □完成

记录要点信息：

活动 22　外部、内部灯光检查

活动目标：能够使用手势动作正确检查车辆外部灯光

活动时长：2 课时

活动物料：车辆 1 台

【任务 1】车外学员站在车辆的正前方。　□完成

【任务 2】两学员相互配合完成车辆前部灯光检查。　□完成

车外学员			车内学员	
操作项	灯光状态		操作项	状态
前位灯（手势动作）	□正常	□不正常	前位灯开关	□打开
近光灯（手势动作）	□正常	□不正常	近光灯开关	□打开
远光灯（手势动作）	□正常	□不正常	远光灯开关	□打开
前雾灯（手势动作）	□正常	□不正常	前雾灯开关	□打开
左前转向灯（手势动作）	□正常	□不正常	左前转向灯开关	□打开
右前转向灯（手势动作）	□正常	□不正常	右前转向灯开关	□打开

【任务 3】车外学员站在车辆的正后方。　□完成

【任务 4】两学员相互配合完成车辆后部灯光检查。　□完成

车外学员			车内学员	
操作项	灯光状态		操作项	状态
后位灯（手势动作）	□正常	□不正常	后位灯开关	□打开
制动灯（手势动作）	□正常	□不正常	制动踏板	□踩下
倒车灯（手势动作）	□正常	□不正常	倒挡	□挂入
后雾灯（手势动作）	□正常	□不正常	后雾灯开关	□打开
左后转向灯（手势动作）	□正常	□不正常	左后转向灯开关	□打开
右后转向灯（手势动作）	□正常	□不正常	右后转向灯开关	□打开

【任务 5】检查顶灯是否工作正常。 □完成

【任务 6】检查后备箱灯是否正常点亮。 □完成

记录要点信息：

活动 23　雨刷功能、雨刷片的检查

活动目标：能够对雨刷功能、雨刷片进行正确检查

活动时长：1 课时

活动物料：车辆 1 台、线布若干

【任务 1】折叠前雨刷臂观察雨刷片胶条表面是否存在老化、破损等现象。 □完成

【任务 2】打开前雨刷间歇挡，雨刷是否进行间歇工作。 □完成

【任务 3】打开前雨刷低速挡，雨刷是否进行低速工作。 □完成

【任务 4】打开前雨刷高速挡，雨刷是否进行高速工作。 □完成

【任务 5】折叠后雨刷臂观察雨刷片胶条表面是否存在老化、破损等现象。 □完成

【任务 6】打开后雨刷低速挡，雨刷是否进行低速工作。 □完成

记录要点信息：

____

____

____

活动 24　雨刷清洗液冰点、喷水功能和调整检查

活动目标：能够对雨刷清洗液冰点、喷水功能和调整进行正确检查

活动时长：1 课时

活动物料：车辆 1 台、冰点检测仪 1 个、线布若干、常用工具 1 套（套筒组件、螺丝刀、钳子）

【任务 1】使用冰点检测仪，将清洗液滴在检测仪上。　□完成

【任务 2】通过观察孔，检测清洗液冰点是否在标准范围内。　□完成

【任务 3】打开前窗玻璃喷水功能，前窗玻璃喷水嘴能正常工作。　□完成

【任务 4】打开后窗玻璃喷水功能，后窗玻璃喷水嘴能正常工作。　□完成

【任务 5】讨论操作喷水功能时，应该注意哪些事项？否则可能有什么后果？

记录要点信息：

活动 25　仪表信息的检查

活动目标：能够对仪表指示灯进行全面检查

活动时长：2 课时

活动物料：车辆 1 台

【任务 1】打开点火开关。 □完成

【任务 2】检查机油指示灯是否正常点亮。 □完成

【任务 3】检查充电系统指示灯是否点亮。 □完成

【任务 4】检查制动系统故障指示灯是否正常点亮。 □完成

【任务 5】检查发动机故障指示灯是否正常点亮。 □完成

【任务 6】检查燃油指示灯是否正常点亮 3s 后熄灭。 □完成

【任务 7】检查后雾灯指示灯是否正常点亮 3s 后熄灭。 □完成

【任务 8】检查转向指示灯是否正常点亮 3s 后熄灭。 □完成

【任务 9】检查 TPMS 故障指示灯是否正常点亮 3s 后熄灭。 □完成

【任务 10】检查安全气囊指示灯是否正常点亮 6s 后熄灭。 □完成

【任务 11】检查 EPS 故障指示灯是否正常点亮 3s 后熄灭。 □完成

【任务 12】检查 ABS 故障指示灯是否正常点亮 3s 后熄灭。 □完成

【任务 13】检查定速巡航工作状态指示灯是否正常点亮 3s 后熄灭。 □完成

【任务 14】检查驾驶员安全带指示灯是否正常点亮。 □完成

【任务 15】检查前排乘客安全带警告灯是否正常点亮。 □完成

【任务 16】检查 ESC 故障警告灯是否正常点亮 3s 后熄灭。 □完成

【任务 17】检查水温指示灯是否正常点亮 3s 后熄灭。 □完成

【任务 18】检查前雾灯指示灯是否正常点亮 3s 后熄灭。 □完成

【任务 19】检查远光指示灯是否正常点亮 3s 后熄灭。 □完成

【任务 20】检查示宽指示灯是否正常点亮 3s 后熄灭。 □完成

【任务 21】检查发动机防盗指示灯是否正常点亮。 □完成

【任务 22】启动发动机，检查发动机防盗指示灯是否熄灭。 □完成

【任务 23】乘客侧坐人，并系上安全带，检查前排乘客安全带警告灯是否熄灭。 □完成

【任务 24】驾驶员侧坐人，并系上安全带，检查驾驶员安全带警告灯是否熄灭。 □完成

【任务 25】检查发动机故障指示灯是否熄灭。 □完成

【任务 26】检查机油指示灯是否熄灭。 □完成

【任务 27】讨论部分指示灯为什么在点亮几秒后熄灭？部分指示灯为什么不熄灭？

记录要点信息：

活动 26　多媒体功能的检查

活动目标：能够对多媒体进行正确检查

活动时长：1 课时

活动物料：车辆 1 台

【任务 1】打开点火开关。　□完成

【任务 2】点击多媒体开关按键，打开多媒体。　□完成

【任务 3】点击收音机按键，打开收音机，应能进入收音机界面。按下自动搜寻按键，应能搜寻到电台，并自动停下。　□完成

【任务 4】点击音量调节“+”或音量调节“-”按键，音量能够均匀增大或减小。　□完成

【任务 5】检查扬声器工作是否正常，仔细聆听每门扬声器是否发声，无劈裂声或电流干扰声。　□完成

【任务 6】点击导航按键，应能进入导航界面，并且导航界面中的按键均可正常工作。　□完成

【任务 7】点击主页面按键，应能返回多媒体主页面。　□完成

记录要点信息：

____

____

____

活动 27　中控功能检查

活动目标：检查中控功能是否正常

活动时长：0.5 课时

活动物料：车辆 1 台

【任务 1】宝骏 510 中控锁控制开关的位置在哪里？

【任务 2】按压中控锁控制开关观察其工作指示灯是什么颜色？

【任务 3】按压中控锁控制开关检查中控锁是否工作。 □完成

记录要点信息：

活动 28　遥控功能检查

活动目标：检查遥控功能是否工作正常

活动时长：0.5 课时

活动物料：车辆 1 台

【任务 1】用钥匙/遥控器能否正常开关门锁？ □完成

【任务 2】确认寻车键功能是否正常。 □完成

【任务 3】在确认遥控系统无故障的情况下，如何用遥控器打开尾门？

记录要点信息：

活动 29　车窗功能检查

活动目标：学员能独立检查车窗功能是否正常

活动时长：1 课时

活动物料：车辆 1 台

【任务 1】用左前门玻璃升降器开关控制四个车窗升降。　☐完成

【任务 2】玻璃在升降时是否卡滞？是否能运行到最低或最高位置。

【任务 3】观察玻璃升降器开关是否有背景灯，如果有是什么颜色的？

【任务 4】检查其余三个车门上的玻璃升降器开关能否对车窗进行控制。　☐完成

记录要点信息：

活动 30　后视镜功能检查

活动目标：学员能独立检车后视镜功能是否正常

活动时长：1 课时

活动物料：车辆 1 台

【任务 1】外后视镜调节开关对两个外后视镜进行调节时可调节几个方向？

【任务 2】对外后视镜执行调节，观察外后视镜能否正常调节，是否卡滞。　□完成

【任务 3】观察内后视镜外观及其清晰度。　□完成

【任务 4】内后视镜是否有防眩目功能？

记录要点信息：

活动 31　天窗功能检查

活动目标：学员能独立检查天窗功能是否正常

活动时长：1 课时

活动物料：车辆 1 台

【任务 1】检查天窗开关是否能对天窗进行控制。 □完成

【任务 2】检查天窗在开启和关闭时是否卡滞。 □完成

【任务 3】检查天窗密封胶条与车顶的密封情况。 □完成

记录要点信息：

____

____

____

活动 32　制冷功能检查

活动目标：学员能独立正确检查制冷功能是否正常

活动时长：1 课时

活动物料：车辆 1 台

【任务 1】启动车辆。 □完成

【任务 2】启动车辆时应注意哪些事项？

【任务 3】确认环境温度高于 0℃以上。 □完成

【任务 4】将一个温度计放置在驾驶员侧中心出风口中。 □完成

【任务 5】启动发动机并在预热后使其转速在 2000r/min 的恒定速度上。 □完成

【任务 6】将鼓风机转速设置为最高挡。 □完成

【任务 7】打开 A/C 开关。 □完成

【任务 8】A/C 开关按压下后，空调压缩机的状态应该是______吸合。

【任务 9】设置内循环模式。 □完成

【任务 10】将温度控制器设置为最冷模式。 □完成

【任务 11】设置为吹面模式。 □完成

【任务 12】关闭所有门窗。 □完成

【任务 13】等待直至空调输出温度趋于稳定（稳定情况：A/C 压缩机以相同的时间间隔重复开启和关闭）。 □完成

【任务 14】鼓风机运行稳定后，读取温度计的读数。 □完成

记录要点信息：

____

____

____

活动 33　制热功能和鼓风机转速调节功能检查

活动目标：能独立检查制热功能和鼓风机转速调节功能

活动时长：1 课时

活动物料：车辆 1 台

【任务 1】启动车辆并预热发动机至正常温度。　□完成

【任务 2】启动车辆后，能否直接检查制热功能？为什么？

【任务 3】设置内循环模式。　□完成

【任务 4】将温度控制器设置为最热模式。　□完成

【任务 5】旋转鼓风机开关到 1 挡时，鼓风机转速最慢。　□完成

【任务 6】旋转鼓风机开关到 2 挡时，鼓风机转速略高。　□完成

【任务 7】旋转鼓风机开关到 3 挡时，鼓风机转速更高。　□完成

【任务 8】旋转鼓风机开关到 4 挡时，鼓风机转速最高。　□完成

【任务 9】设置为吹面模式。　□完成

【任务 10】鼓风机运行稳定后，读取温度计的读数。　□完成

记录要点信息：

活动 34　风向调节功能检查

活动目标：学员能够对空调风向调节功能进行正确检查

活动时长：1 课时

活动物料：车辆 1 台

【任务 1】启动车辆。 □完成

【任务 2】打开鼓风机最高挡位。 □完成

【任务 3】旋至吹面模式，此时面部出风口出风量最大，其他出风口应没有出风量。 □完成

【任务 4】旋至吹脚模式，此时脚部出风口出风量最大，其他出风口应没有出风量。 □完成

【任务 5】旋至除霜模式，此时仪表台前部出风口出风量最大，其他出风口应没有出风量。 □完成

【任务 6】旋至吹面和吹脚模式，此时面部和脚部出风口出风量最大，其他出风口应没有出风量。 □完成

【任务 7】旋至吹脚和除霜模式，此时脚部和仪表台前部出风口出风量最大，其他出风口应没有出风量。 □完成

记录要点信息：

活动 35　更换空调滤清器

活动目标：学员能够独立更换空调滤芯

活动时长：1.5 课时

活动物料：宝骏 510 车辆 1 台、空调滤芯 1 个

【任务 1】宝骏 510 车辆的空调滤芯在哪里？

【任务 2】将手套箱拆下，取出空调滤芯。 □完成

【任务 3】空调滤芯安装有方向吗？应如何安装？

【任务 4】安装空调滤芯。 □完成

【任务 5】安装手套箱。 □完成

记录的要点信息：

活动 36　点火开关挡位、点烟器的检查

活动目标：学员能否独立检查点火开关挡位、点烟器

活动时长：1 课时

活动物料：车辆 1 台、点烟器 1 个、车载充电器 1 个

【任务 1】旋转点火开关，应无卡滞。 □完成

【任务 2】讨论并总结点火开关一共有几个挡位？

【任务 3】点火开关旋转到 ACC 挡时，收音机可以使用吗？

【任务 4】点火开关旋转到 ACC 挡时，鼓风机可以工作吗？

【任务 5】启动车辆时应注意的事项有哪些？

【任务 6】将点烟器按压下去。 □完成

【任务 7】点烟器的加热丝经过加热后，会有什么现象？

【任务8】车载充电器插入点烟器孔内能否为手机充电？

记录要点信息：

活动 37　倒车雷达功能检查

活动目标： 能够对倒车雷达进行正确检查

活动时长： 0.5 课时

活动物料： 车辆 1 台

【任务 1】 打开点火开关。 □完成

【任务 2】 点击多媒体开关，打开多媒体。 □完成

【任务 3】 挂上倒挡。 □完成

【任务 4】 从车辆后方接近后部雷达探头，车内会传来蜂鸣声，距离越近，蜂鸣声的频率越高。 □完成

记录要点信息：

____

____

____

活动 38　发动机舱清洁

活动目标： 能够对发动机舱进行全面清洁

活动时长： 1 课时

活动物料： 车辆 1 台、吹尘枪 1 把、手套 1 副、绒布若干

【任务 1】打开引擎开关。 □完成

【任务 2】清洁前舱及雨刷倒流板的杂物。 □完成

【任务 3】使用吹尘枪清理发动机舱内尘土并吹干水气。 □完成

【任务 4】使用吹尘枪清洁雨刷导流板。 □完成

【任务 5】讨论并总结为什么要清洁发动机舱？

记录要点信息：

活动 39　室内清洁

活动目标：学员能够对室内进行全面清洁

活动时长：1 课时

活动物料：车辆 1 台、吸尘器 1 台、手套若干

【任务 1】使用吸尘器清除驾驶员侧地毯、座椅上的灰尘、泥土、杂物。 □完成

【任务 2】使用吸尘器清除前排乘客侧地毯、座椅上的灰尘、泥土、杂物。 □完成

【任务 3】使用吸尘器清除左后侧地毯、座椅上的灰尘、泥土、杂物。 □完成

【任务 4】使用吸尘器清除右后侧地毯、座椅上的灰尘、泥土、杂物。 □完成

【任务 5】使用吸尘器清除后备箱内地毯上的灰尘、泥土、杂物。 □完成

记录要点信息：

____

____

____

活动 40　车辆进入举升工位前的操作

活动目标：使学员可以正确规范地对车辆进行初步检查

活动时长：1 课时

活动物料：车辆 4 台、23 项保养流程表 1 份

【任务 1】检查转向器间隙及是否存在异响。 □完成

【任务 2】检查制动踏板的行程及松紧度。 □完成

【任务 3】检查加速踏板的行程及松紧度。 □完成

【任务 4】检查离合器踏板的行程及松紧度。 □完成

【任务 5】检查驻车制动器行程及松紧度。 □完成

【任务 6】移车进入维修保养工位。 □完成

【任务 7】在保养检查表上记录结果。 □完成

记录要点信息：

活动 41　车辆进入举升工位后的操作

活动目标：学员能够在车辆举升前，相互配合对车辆进行正确检查

活动时长：5 课时

活动物料：车辆 1 台、翼子板护罩 1 套、常用工具 1 套（套筒组件、扳手、螺丝刀、钳子、锤子组件）、油液（制动液、防冻液、机油、空气滤芯、玻璃清洗液等）1 份、手套 1 副、23 项保养流程表 1 份

【任务 1】车外学员站在车辆正前方。 □完成

【任务 2】车内学员打开点火开关。 □完成

【任务 3】车内学员拉紧驻车制动器。 □完成

【任务 4】两学员相互配合完成车辆前部灯光检查。 □完成

车外学员			车内学员	
操作项	灯光状态		操作项	状态
前位灯（手势动作）	□正常	□不正常	前位灯开关	□打开
近光灯（手势动作）	□正常	□不正常	近光灯开关	□打开
远光灯（手势动作）	□正常	□不正常	远光灯开关	□打开
前雾灯（手势动作）	□正常	□不正常	前雾灯开关	□打开
左前转向灯（手势动作）	□正常	□不正常	左前转向灯开关	□打开
右前转向灯（手势动作）	□正常	□不正常	右前转向灯开关	□打开

【任务 5】车外学员站在车辆的正后方。 □完成

【任务 6】两学员相互配合完成车辆后部灯光检查。 □完成

车外学员			车内学员	
操作项	灯光状态		操作项	状态
后位灯（手势动作）	□正常	□不正常	后位灯开关	□打开
制动灯（手势动作）	□正常	□不正常	制动踏板	□踩下
倒车灯（手势动作）	□正常	□不正常	倒挡	□挂入
后雾灯（手势动作）	□正常	□不正常	后雾灯开关	□打开
左后转向灯（手势动作）	□正常	□不正常	左后转向灯开关	□打开
右后转向灯（手势动作）	□正常	□不正常	右后转向灯开关	□打开

【任务 7】两学员各自完成相应的检查。 □完成

车外学员		车内学员	
操作项	状态	操作项	状态
领取保养物料及准备保养工具	□完成	打开引擎盖开关	□完成
打开引擎盖，放置翼子板护罩（要求放三块护罩，左右各放一块，前方放一块）	□完成	检查喇叭	□完成
使用吹尘枪清理发动机舱	□完成	检查组合仪表指示功能	□完成
检查并清洁空气滤清器	□完成	检查信息娱乐系统功能	□完成
清洁空气滤清器壳体	□完成	检查雨刷功能	□完成
检查或补充制动液	□完成	检查后视镜、中控、遥控、车窗和安全带功能	□完成
检查或补充冷却液	□完成	检查空调冷暖风系统工作状况	□完成
检查或补充玻璃清洗液	□完成	检查、润滑车门	□完成

【任务 8】在保养检查表上记录结果。 □完成

记录要点信息：

活动 42　车辆举升至上部的操作

活动目标：

活动时长：3 课时

活动物料：双柱式举升机 1 台、车辆 1 台、常用工具 1 套（套筒组件、扳手、螺丝刀、钳子、锤子组件）、线布若干、手套 1 副、专用机油 1 桶、机油滤芯 1 个、23 项保养流程表 1 份

【任务 1】举升车辆。 □完成

【任务 2】排放机油，更换机油滤清器。 □完成

【任务 3】检查燃油滤清器外观是否渗漏、管路固定是否牢靠。 □完成

【任务 4】检查变速器油液的液位是否正常。 □完成

【任务 5】检查碳管的连接管路是否正常。 □完成

【任务 6】检查转向拉杆、球头是否松动。紧固转向器固定螺栓、紧固转向节连接螺栓、紧固拉杆球头螺栓。 □完成

【任务 7】检查轮毂轴承是否松动或有异响。 □完成

【任务 8】检查底盘前部摆臂球头是否松动。 □完成

【任务 9】检查前后部悬架连接是否松动。紧固后桥纵臂与车架的连接螺栓。 □完成

【任务 10】检查减震器连接是否松动。 □完成

【任务 11】检查排气系统连接是否松动。 □完成

【任务 12】检查制动系统接头是否松动，管路是否渗漏。 □完成

【任务 13】检查冷却系统接头是否松动，管路是否渗漏。 □完成

【任务 14】检查燃油系统管路或接头是否松动，管路是否渗漏。 □完成

记录要点信息：

____

____

____

活动 43　调整车辆举升位置的操作

活动目标：使学员可以正确规范地对车辆进行保养操作

活动时长：1.5 课时

活动物料：双柱式举升机 1 台、车辆 1 台、常用工具 1 套（套筒组件、扳手、螺丝刀、钳子、锤子组件）、线布若干、手套 1 副、专用机油 1 桶、机油滤芯 1 个、游标卡尺 1 个、23 项保养流程表 1 份

【任务 1】车辆下降至中下部，加注适量机油并拧紧加油盖。　□完成

【任务 2】举升车辆至上部，观察底盘、发动机、变速器是否渗漏，清洁油渍。　□完成

【任务 3】检查制动片的厚度。　□完成

【任务 4】检查制动盘表面是否有沟槽、油污。　□完成

【任务 5】检查轮胎。　□完成

记录要点信息：

___

___

___

活动 44　车辆下降至地面的操作

活动目标：使学员可以正确规范地对车辆进行检查

活动时长：2 课时

活动物料：双柱式举升机 1 台、车辆 1 台、常用工具 1 套（套筒组件、扭矩扳手、螺丝刀、钳子）、线布若干、手套 1 副、WDS 诊断仪 1 台、吹尘枪 1 个、23 项保养流程表 1 份

【任务 1】检查或清洁曲轴箱通风阀。 □完成

【任务 2】紧固轮胎螺母。 □完成

【任务 3】连接诊断仪读取车辆全车故障码。 □完成

记录要点信息：

活动 45　23 项保养整体流程

活动目标：使学员按照 23 项流程执行检查

活动时长：28 课时

活动物料：双柱式举升机 1 台、车辆 1 台、常用工具 1 套（套筒组件、扭矩扳手、螺丝刀、钳子）、线布若干、手套 1 副、WDS 诊断仪 1 台、吹尘枪 1 个、保养评分表 1 份、23 项保养流程表 1 份

【任务 1】进行车辆保养检查前的工具、物料、工位的准备。 □完成

【任务 2】按照 23 项保养流程进行整车的检查。 □完成

【任务 3】进行保养与检查表检查结果的填写（1 个工位填写 1 次）。 □完成

【任务 4】进行保养与检查表检查意见的填写。 □完成

【任务 5】执行现场管理。 □完成

记录要点信息：

活动 46　PDI 的实施

活动目标：使学员能够按照 PDI 检查表进行车辆 PDI 的检查

活动时长：12 课时

活动物料：车辆 1 台、车主使用说明书 1 本、保修手册 1 本、多媒体说明书 1 本、遥控钥匙两把（带遥控器尾门开启功能）、气压表、PDI 检查表 1 份

【任务 1】进行车辆保养检查前的工具、物料、工位的准备。　□完成

【任务 2】按照 PDI 检查表的项目进行整车的检查。　□完成

【任务 3】进行 PDI 检查表检查结果的填写。　□完成

【任务 4】执行现场管理。　□完成

记录要点信息：

____

____

____

汽车保养与维护

（含工作页）（第2版）

责任编辑：张　凌
封面设计：彩丰文化

ISBN 978-7-121-43688-8
9 787121 436888
定价：43.00元